高中"1+X"课程群建设研究

王晓虹 著

上海交通大学出版社
SHANGHAI JIAO TONG UNIVERSITY PRESS

内容提要

　　本书是在"全景式课程"中建设"1＋X"课程群的课程改革实践成果，围绕高中阶段全景式课程的顶层设计以及"1＋X"课程群资源的开发、精细化实施、成效的实证与评估等方面展开，既是研究实践的反思与总结，更是新一轮教育改革探索的开端。

　　本书适合教育学者、中小学校长和教师阅读。

图书在版编目(CIP)数据

　　高中"1＋X"课程群建设研究/王晓虹著.—上海：
上海交通大学出版社,2023.4
　　ISBN 978－7－313－28536－2

　　Ⅰ.①高…　Ⅱ.①王…　Ⅲ.①课程建设－教学研究－
高中　Ⅳ.①G632.3

　　中国国家版本馆 CIP 数据核字(2023)第 058270 号

高中"1＋X"课程群建设研究
GAOZHONG "1＋X"KECHENGQUN JIANSHE YANJIU

著　　者：王晓虹
出版发行：上海交通大学出版社　　　　　地　　址：上海市番禺路 951 号
邮政编码：200030　　　　　　　　　　　电　　话：021－64071208
印　　制：上海万卷印刷股份有限公司　　经　　销：全国新华书店
开　　本：710mm×1000mm　1/16　　　印　　张：9.75
字　　数：135 千字
版　　次：2023 年 4 月第 1 版　　　　　　印　　次：2023 年 4 月第 1 次印刷
书　　号：ISBN 978－7－313－28536－2
定　　价：68.00 元

本书系 2018 年度上海市教育科学研究项目"在'全景式课程'中建设'1＋X'课程群的实践研究"(立项编号 C18036)的研究成果

课题组成员:王晓虹　单　颖　胡胜辉　赵　翀
　　　　　　陈　硕　王祖康　杨涵茵　李铭钰

前　言

　　《高中"1＋X"课程群建设研究》一书,是上海市教育科学项目"在'全景式课程'中建设'1＋X'课程群的实践研究"的研究成果。该项目于2018年4月正式立项,立项编号为C18036,于2021年10月结题。

　　上海市第六十中学是上海市一期、二期课改的实验基地,两次课改经历带给了学校丰富的课程建设的经验。在全面总结以往课改成果的基础上,基于"成才教育"办学思想,我们展开了"全景式课程"的建设,系统探索高质量实施国家课程、多元化打造校本课程的路径与方法,在充分调研的前提下,提出"在'全景式课程'中建设'1＋X'课程群"的研究课题。

　　感谢上海市静安区教育局科研室各位专家的全程指导、持续激励,使得我们不断获取启示与动力。感谢华东师范大学等高校的专家、老师们给予我们专业理论上的指导。感谢分管课程、教学和科研工作的单颖副校长以及科研处胡胜辉主任对本课题研究所作的贡献,是他们完整而周密的规划统筹、清晰而适时的实践推进,使得本课题得以高质量完成。感谢参与结题报告及本书撰写的赵翀、陈硕、王祖康、杨涵茵、李铭钰等老师的全情投入、辛勤付出,感谢学校全体师生的积极参与。

在课题组成员的共同努力和全校师生的积极配合下,课题取得了预期的成果:多样的"1+X"课程群资源为学生提供了多样化学习的选择,有效提升了学生综合素养;"1+X"课程群建设为教师的教学研究提供了丰富的实践平台,有效促进了教师的专业发展;"全景式课程"体系的完善,进一步深化了学校"成才教育"办学思想,"让每个人全面而有个性地发展"的办学理念应时而生。

在本课题结题一周年之际,我们将课题报告升格为学术专著,是对之前研究实践的反思与总结,更是新一轮教育改革探索的开端。我们将永远走在教改的征途上。

王晓虹

2022 年 10 月于上海市第六十中学

目 录

1 指向成才教育的“全景式课程”

作为教书育人的重要场所，学校是贯彻教育方针、落实教育政策、实现教育目标的重要单位主体。学校教育是影响学生学习成长与人格发展的重要因素。事实上，虽然统一的教育纲领制度使得中国的各个中小学在教书育人的工作上存在着教育目标的一致性，但不同学校的教育理念却使得毕业自不同学校的学生往往展现出不一样的思维理念与能力表现。

面对国家飞速发展的时代需要及日新月异的社会人才需求，作为基层教育单位，每一个独立的中小学都在各自的育人理念支撑下探索着形式各异的人才培养模式。而自党的十八大以来，习近平总书记提出的“把立德树人作为教育的根本任务”的教育理念深入人心，使得各个教育单位在人才培养上有了新的思考与改革方向。教育立德树人是建设社会主义现代化强国、实现中华民族伟大复兴的中国梦的新时代人才培养理念。与传统的知识教育、素质教育等主题不同，教育立德树人在人才培养上更加注重学生作为社会主义接班人的社会使命素养，这样的理念要求学校培养出的人才应当具备社会适应力与时代发展素养。

怎样的社会适应力与时代发展素养才能够满足立德树人的核心育人目标呢？对于中学教育而言，促进学生的自主学习意识、强化学生的社会实践技能、培养学生的综合社会素养、打造学生的全面发展格局成为学校教育的核心工作。因此，如何突破传统的学科知识教学形式，改变严重依赖现有考评体系的中学教学格局，成为每一所现代化社会主义中学开展教育改革的重要思路①。在这一背景下,以成才教育为代表的一系列社会育人理念逐渐被关注和接受。

1.1 成才教育的概念与诉求

1.1.1 成才教育——从习得学科知识到具备社会素养

作为学校教育工作理念的核心,人才培养目标往往具有强烈的社会特征与学校特色,并最终决定了学校课程的内容设置与教学方向。在学校出现的早期,无论是起源于夏朝的"国学"与"乡学",还是公元前 2 500 年左右的宫廷学校,都充满了浓郁的贵族垄断色彩。在这样的背景下,教学的内容显然与实际的社会生产性技能并无过多的关联性,而以哲学、神学等为代表的一系列思想教育占据着人类发展史上早期学校教育的内容主流②。对于这些学校而言,其教育本身并不服务于社会生产,培养的学生也无须掌握基本的劳动技能。学生接受教育是使其父辈统治者令其有别于普通劳动人民的重要举措,而非获得未来生存所需的知识能力,更不是其从劳动人民中获得提升的人才选拔渠道。来自东西方的早期学校不约而同地有着相似的教育理念,是一件不难理解的事情。作为人类文明传承的社会性场所,学校在产生之初就扮演着强烈的社会服务职能——在传统的奴隶制社会,稳固奴隶主的利益成为维护社会稳定发展的首要因素,新的奴隶主需要从小接受教育以此保证自身的统治利益得以延续。

随着时代的发展与科技的进步,学校教育的实践性导向逐渐萌芽。其根本原因在于科技的进步对劳动技能门槛有了越来越高的要求。相比于

---

① 屠莉娅.基于变革社会的视角:核心素养阐发与建构的再思考[J].全球教育展望,2016,45(06):3-16.

② 毛丽娅.试论基督教与西欧中世纪早中期的学校教育[J].西南民族学院学报(哲学社会科学版),1999(S6):55-59.

手工织布,机器纺织显然有着更高的生产效率,然而熟练的机械工人必须接受一定基础的正规教育才能够从事相关的生产工作。在这样的社会背景下,学校教育的理念也逐渐朝向职业化人才培养的道路转型。而随着现代知识体系的不断发展,学校的课堂教学在主题上逐渐按学科开始分化,这些变化都逐渐以实际发展挑战着以卢梭为代表的一系列自然主义教育理论者奉行的学校品格教育理念。毕竟在资本主义逐渐挑战传统王权贵族利益的年代,相较于品格优良的毕业生,熟练掌握社会生产技能的学生显然更受社会市场与工业发展的欢迎。这样的发展理念也促进了早期职业教育及其学校的发展。无论是发达国家,还是发展中国家,职业教育仍然在现有的学校教育体制中扮演着促进社会生产、推动国家发展的重要角色。然而,随着科技的进一步发展,职业的分工逐渐细化,新的职业岗位对从业者提出了愈发高水平的知识储备要求,而国家的发展对科技型人才的需求也与日俱增。在这一阶段,无论是基础教育,还是教育分流后的职业教育,基础学科课程都成为学校教育的重要内容之一。提高基础教育质量的学校教学改革呼声日益增高。培养出卓越的高智力科技人才成为学校教育的主流理念。以布鲁纳为代表的一批学科结构主义教育学家强调了学科学习的重要性,对学科知识的掌握成为学校教育的主流教育理念[①]。

布鲁纳的学科结构主义强调培养学生的学科结构意识,相比于传统教育中的实践导向教育,学科结构主义旨在培养学生强理论性的学科思维,使之具备成长为学科研究专家的潜能。而不可否认的是,对基础学科的掌握程度确实决定了学习者能否成为出色的科技型人才。在科技飞速发展的年代,强学科特征的基础教育学校办学理念在迅速培养科技型人才方面有着不可磨灭的引导作用,并实质性地提升了国家的科技竞争力。学科结构主义展示出高度学科本位的教育理念,拔高了学科学习在学校教育中的整体地位,与我国 1949 年以来至 20 世纪末期实施的国家学科课程高度统一政策高度契合。在实际的学校教学中,无论是正式的学科课程,还是各

---

① 靳莹,周志华. 从结构主义走向建构主义的课程观及其启示[J]. 教育理论与实践,2006(20):45-48.

类由学校组织开设、教师自主教学的课程内容,实质上仍然以服务学科教育、实现学科教学发展为主导性目标。

然而,随着时代的进一步发展,过于注重学科基础结构的教学理念使得学校培养出的人才逐渐脱离了在现实社会生存发展的需求。学科专家式的基础教育人才培养理念也随之被指出存在各类问题。这些问题主要可归结为三个方面。第一,学校的学科课程在形式上容易偏重对学生理论基础知识的考查,从而忽视对学生实践性技能的培养,这使得大部分无法从事学科研究型工作的人才在迈入以实践产出为导向的社会岗位时产生了较大的不适应性。例如,虽然在数学学科中学生能够习得和掌握混合运算、平方次方、累乘累加等基本的运算法则,但面对生活实践中需要使用这些知识的场景时(例如银行理财、房贷计算等)仍然常常出现手足无措的局面。第二,虽然中小学教育阶段的课程内容有着完备的学科教学体系以及全面化的教学内容,也搭配着高水平的课程大纲及其统一教材,但受限于中高考考评等客观因素的限制,课程在基层学校的具体落实过程中容易受到各方面的影响,使得学生的知识积累容易被局限在为考而学的范围内,对教学大纲涉及但实际课堂教学中容易忽略的知识点难以掌握,从而使学生的学习视角与知识积累被无形限制。以语文学科为例,学生对于古代文学的认识往往停留在课文中学习过的古文与古诗词内容,同时对中国传统文化的认识常常停留在课文表层,相应的兴趣与学识也难以培养。第三,随着数字化时代的到来,传统学科教学内容显得越来越力不从心,难以紧跟时代发展对新时代人才的社会素养要求,而一些实用性的新兴课程以及传统学科课程中的新兴内容的生存空间也被传统学科教育制度无形挤压。例如,计算技术与知识是21世纪人才必备的基本技能之一,而在大部分基础教育学校,技术课程仍然处于边缘学科的发展困境。同时,数学等基础学科在教学内容中也较少涉及计算思维培养等方面的技术类知识,这使得培养出的学生无法迅速融入高度数字化的社会生存与职业发展体系。

在这样的背景下,成才教育的理念悄然而生。成才教育是培养学生适应社会发展需要的学校教育理念,它是学校为了满足不断发展和变化的社会化人才需求而实施的素质化和专业化的人才培养策略;是以学生为主体,承认学生作为自然人的独立性与个体差异性为基础,以时代发展下高度分工的劳动型人才缺口为需求,以技术不断进步、知识不断创新的社会发展趋势为背景,以多元化的教育形式与针对性的教学培养,打造服务于社会主义现代化建设的综合素养型人才的教育模式。

1.1.2 从大学回归中学——成才教育的学段发展变革

"人才"的概念最早可见于《诗经·小雅》中的注解,用于泛指有才干、有能力之辈。教育目标指向人才培养也不再是新鲜话题。然而在我国的教育研究中,成才教育的理念直到21世纪前后才姗姗来迟。国内最早的关于成才教育的论述源于我国的高等教育研究当中,成才教育的出现看似偶然,实则是我国高等教育发展变革中不得不面对和思考的"新问题",它的背后是"大学生"与"人才"两种身份对象间关系的转型[①]。虽然"人才"在不同的历史时期有着不同的概念解释,但其无疑是人类群体中较为优秀和突出的部分对象。在21世纪以前,我国高等教育实行着严格的招生人数限制,并且在学生就业制度上实行良好的包分配制度,绝大多数的大学生只要能够顺利毕业,即能进入福利待遇良好、社会地位稳定的工作岗位当中。在这一阶段,考上大学意味着捧上"铁饭碗""金饭碗",而大学生自然被群众视为"天之骄子",也无可厚非地被社会贴上"人才"的身份标签。然而,随着我国高等教育的不断发展,高等教育资源的丰富使得越来越多的公民开始接受高等教育;但与之相对的,大学生在就业上则需"自主解决",再也没有了分配到人到岗的稳定就业渠道。在大学生整体数量与比例越来越高的时代,群众逐渐对"大学生"与"接受高等教育"的认识变得愈发客观,不再简单地将"大学生"与"人才"画上等号。在这样的高等教育就业危机背景下,一部分高等院校开始在人才培养的理念和模式上尝试革

---

① 陈本铿.高校激励教育与大学生成才的关系分析——评《大学生激励教育研究》[J].中国教育学刊,2021(07):121.

新,以求保证毕业生能够成为社会"人才",从而为国家与社会发展带来领导力与模范价值。

如上所述,高等教育的成才教育理念源于现代社会人才观的转变。因此,如何对学生实施系统的教育与培训,提供给学生成为人才的学习环境,引导学生走向被社会与大众所接受和认可的"人才"的具体路径,成为高校成才教育的努力方向。而随着时代发展对"人才"的要求愈加全面,高等教育的成才教育理念在具体实施中也逐渐探索总结出诸多经验。事实上,相比以往人们对于"人才"的认识是"具备高水平的技能和专业化的职业水平",如今的社会主义人才观除了强调人才的专业能力外,还要求其具备良好的道德品格、具备正确的价值观、具有良好的学习能力与创新意识等诸多因素。因此,人才培养不等同于专业、学科知识、技能教育,成才教育也有着自身的发展规律与时代背景。诸多教育学家与教育工作者开始认同,成才教育是伴随着教育对象成长和发展的一个完整的教育过程,以高等教育为代表的学校教育仅仅是成才教育的关键环节。

在这样的背景下,成才教育理念逐渐从高等教育学段延伸开来,成为基础教育与成人教育中亟待思考和落实的发展思路。对于基础教育而言,成才教育概念的"重新引入"有着新的学校发展价值导向和教育发展的应然诉求。首先,虽然高等教育在中国已愈发普及,大学生的占比越来越高,但现有的高等教育资源与考评选拔制度导致并不是所有的适龄青年都能够迈入高等教育的殿堂。在这样的背景下,如何解决一部分需要在中学毕业后迈入社会工作岗位的学生的职业适应与发展能力,便成为学校在人才培养过程中需要思考的现实问题。不能够接受高等教育并不意味着这部分学生从此与"人才"失去关联,而如何使得这部分人才具备成为社会人才的综合素养,则成为在中学阶段实施成才教育的重要缘由。其次,现代"人才"身份的多元化要求使得人才培养更为迫切地需要发展更加全面和系统的学校教育,而对以品德与价值观、自我学习意识等为主导的一系列人才素养的培养,在基础教育阶段往往有着更加有效的教育效果与价值。最后,随着时代对"人才"的专业性素养水平要求的愈发深入,对学生的专业性教育不再仅被视为高等教育阶段的教育内容,因材施教、自主选择的多元化人才培养理念及其资源配置逐渐成为以学科教育为主导的基础教育阶段同样需要深入思考的教育改革路径。例如对于在数学学科上有着突出表现和兴趣的学生,提前实施专业化的数学教育可能更利于其未来发展,而对于在实践技能上有着突出表现却不善于从事理论探究的学生,在中学阶段也应当提早进行引导,助力其找到更适合自身发展、能够激发兴趣的未来发展方向。正是基于这样的特殊价值,成才教育逐渐成为以上海市第六十中学为代表的一系列中等教育单位探索和实施的教育理念与模式。[①]

1.1.3 学科教育与社会素养——中学的成才教育诉求

在中学教育中引入成才教育的概念,无疑是对现有的中学人才培养理念的巨大突破。事实上,虽然国家课程在中学学科教育的学习要求中已经明确了具体的内容和形式规范,但如何更为科学高效、全面地落实国家课程的育人理念,突出国家课程的学科素养育人色彩,对于大部分一线学校而言仍然是值得思考的实践难题。如何以学生为本,利用学校的有效资源与教学力量,合理营造成才教育的教学氛围,打造人才培养的课程教育土壤,进而解决传统课堂教育与社会综合素养教学之间可能存在的各类矛盾,成为中学实施成才教育的关键要点与核心思路。

通过学科教育实现社会素养的生成与发展,逐渐成为国际教育领域实施基础教育教学的主流趋势。事实上,虽然各个国家在基础教育层面实施的教育内容均存在一定的差异,但以传统学科教育为核心的教育制度仍然是世界各国基础教育的主流。然而随着时代的发展,这些传统学科在教育形式与知识内容上也在不断变化发展,以便使学科教育与技术发展和社会文化时刻保持紧密的契合度。例如,由国际经济合作与发展组织(OECD)

---

① 许邦兴,丁茂华."成人"抑或"成才"——基础教育培养目标的价值取向[J].西北师大学报(社会科学版),2012,49(06):108-112.

实施的国际学生评估项目 PISA 便继承了这一内容多元化且不断发展的基础教育学科评估理念。作为一个从 2000 年开始每三年进行一次测评的国际教育评估项目,PISA 以阅读、数学、科学三个固定科目为对象,对包括美国、中国、英国、日本等在内的 65 个国家和地区的学生开展教育评价,旨在通过这三类科目测评中学生的表现探究其全球素养能力水平。以近期公布的 PISA2022 的数学学科评估框架为例(见图 1.1),框架以数学学科为基础,对数字化时代学生接受数学学习后应当掌握的全球素养予以了新的阐释:无论是对以数学计算思维为代表的数字素养的纳入,还是对学生数学学习中数据意识与决策能力的强调,都展现出不一样的数学教育及其评价的内容理念。①

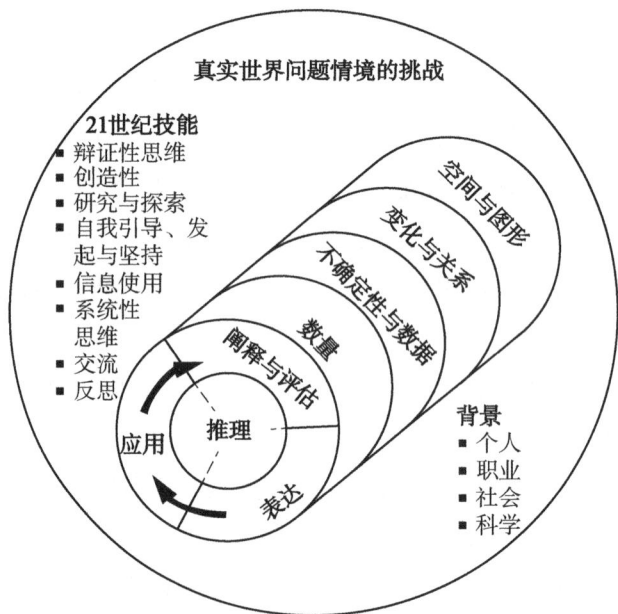

图 1.1 PISA2022 数学素养测评框架

围绕数学这一传统的基础教育学科,PISA 基于学生在现实生活以及

---

① OECD. PISA2022 Mathematics Framework (draft) [EB/OL]. [2019 - 06 - 26]. https://pisa2022-maths. oecd. org/files/PISA％202022％20Mathematics％20Framework％20Draft. pdf.

未来发展中的真实世界情境探讨了数学学习与社会素养教育间的联系。PISA 指出数学学科学习存在个人、职业、社会与科学四个维度的学习目标背景——表达出数学的学习能够促进学生的个人发展,使学生走上更好的职业道路,促进其更好地融入社会环境,以及可能从事数学科学研究的展望。而为了实现这些目标,学生需要通过数学学习具体一系列的素养——这些既是数学学习能够赋予的,也是融入四维学习目标背景所需要的——它是以推理为主体,从表达到应用再到阐释与评估的内在循环思维与能力。PISA 将这些素养教育的内核与数学学科教育中的空间与图形、变化与关系、不确定性与数据以及数量四部分学习内容予以关联,除了通过这部分内容实现测评的目标外,还将通过这些数学知识内容的教育探索实现学生多维素养发展的可行路径。在这样的基础上,PISA 同时对数学教育提出了基于 21 世纪技能发展的八项要求,包括:辩证性思维、创造性、研究与探索、自我导向与坚持性、信息使用、系统性思维、交流、反思。这些技能被视为学生成为现实世界与未来世界中各行各业人才的必备技能,它们不是仅由某个单独的学科学习赋予的,而是数学学科在教育过程中能够实现的重要的技能发展方向。

除了通过调整学科知识内容的学习实现社会素养教育外,对学科文化以及跨学科项目的教学同样能够有效促进学生的成才教育发展。对于中学而言,在国家课程的基础上予以相应的学科延伸,拓展校本课程建设,同样是拓宽学生发展性的学科视野、调动学生内生性的学习兴趣与品格、锻炼学生的学科实践能力、促进学生的知识理解深度、培养学生多元化的学习视野与社会价值取向、养成学生全面社会人格的重要手段。在两条具体路径的引领下,现代的中学教育在成才教育理念诉求的支撑下,逐步探索着从学科育人向实现学生社会素养发展的人才培养教育体系的转变。①

---

① 伍超,邱均平,苏强.跨学科教育的三重审视[J].浙江社会科学,2020(08):134-139,147,160.

1.2 "全景式课程"的概念与价值

1.2.1 成才教育如何实现——"全景式课程"的概念

在上一节的内容中我们讨论了中等教育学校从学科育人到实现社会素养发展思路下成才教育的具体可行的路径与课程建设思路。然而这些思路是基于单个学科教育促进学生某类或某几类社会素养发展的思路实现的。对于学校而言,育人工作不能依靠由若干个学科自下而上组成的课程组合,而应当落实为具有顶层思维自上而下的教育设计结构主体。因此,基于现有的学校教育资源,在保证国家课程教学的主体地位的基础之上,我们探索了学生成才教育素养缺口的教育盲点,素养化地布局了成才教育校本课程的思路,促成了基于顶层设计思路下"全景式课程"概念的出现。

"全景式课程"设计是学校基于育人目标而设置的,是以成才教育的顶层目标为导向,合理设置和规划育人课程的课程设计理念。它具有全人聚焦、全程关注、全员参与和全息设计的特征。全人聚焦是指培育精神丰富、全面和谐发展的人,课程致力于培养学生面对未来社会需要具备的四种关键能力,学习力、实践力、领导力和创新力,帮助每一位学生发掘自身的优势潜能并扩大提升。全程关注是指注重高中三年的课程对学生的培养,促使学生逐渐形成良好的人文素养、严谨的科学精神、健康的生活态度以及以国家、民族、社会发展为己任的责任意识。全员参与是指凝聚学校、家庭、社会力量,充分发挥协同教育的功能,以学生为学习主体,组织学校、家庭、社会力量共同建设的学校课程体系,使家庭教育与社区教育成为学校教育的延伸和第二课堂。全息设计是指学校给学生提供的多维度的课程学习环境。学习的维度是多层的,学习的方式是多元的,学校要努力创设由"课内课外、校内校外、线上线下"三个维度构成的全息设计的课程体系。

相比于以往学科教育课程建构理念中对单个学科的独立思考,"全景式课程"建设强调了以成才教育中"育才"目标为主体的顶层课程建设思路(见图1.2)。"全景式课程"强调从现实生存环境以及未来社会发展对人才的素养要求出发,以中学已有的国家课程为基础,思考在落实完备的国家课程过程中,自身教学水平与条件限制导致的育人素养以及育人效果上存在的各类缺点与盲区,从而相应地扩充学科教学内容,设计指向素养发展的各类素养教育校本课程,最终形成完善的中学成才教育课程体系。相比于传统的应试教育和素质教育理念下的课程设置思路,"全景式课程"设计具备以下三点优势。第一,"全景式课程"设计旨在育人而非选才,它的目标依托于促进每一位在校学生终身发展的育人理念,而非应对人才选拔的各色考评机制。第二,"全景式课程"设计不同于传统的素质教育课程设计中的零散化课程建设。"全景式课程"中的每一个具体课程都是依据整个育人目标,以国家学科课程为核心与主体,以素养发展为导向进行延伸的子课程;这些子课程之间互相关联,内部有着严密的教学内容梯度、宽度与深度,保证了整个课程环节教学的有效运转。第三,"全景式课程"设计保证了国家课程与校本课程在教学内容上的联动性,除了这些课程都能促进学生的成才发展这一整体性目标的实现外,对校本课程的学习往往也以有形或无形的方式对国家课程的教育教学产生促进作用,而国家课程的教学内容与资源同样是开展各项校本课程的基础。

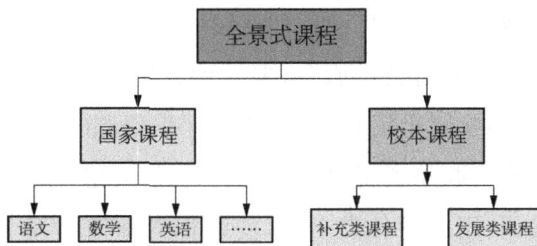

图1.2 "全景式课程"的结构

事实上,在教育改革的不断推动下,国家课程及其标准已经重塑了传统的高中课程结构体系。现有的高中课程结构形态已经在国家课程的主导下经历了由单一走向多元的发展模式,各类小班化、分层教学、走班制等教学模式及其教学课程的出现已经逐渐给当下的高中学校教育教学带来了各式各样积极的变革。其中,对具有自身特色的校本课程的建设同样被视为改革的积极推动举措之一。合格的校本课程应当能够吸取国家课程教学的核心思想,以更加多元化的主题内容和实施形式助力学生的多元化发展;而不应当成为考核评价服务的应试教育工具,更不应当成为单凭学生喜好而创立的兴趣班。如何回应教育综合改革的要求,并在此基础上积极开展国家课程校本化实施的实践,开发符合国家教育方针政策与学校办学实际的校本课程,满足学生多样化发展需要,成为以"全景式课程"为代表的当下学校课程建设的关键。

除了明确"全景式课程"中校本课程建设理念的思路,学校应当同时明晰"全景式课程"实现成才教育理念的三个重要抓手。第一个抓手是保证课程开发中的学生主体地位。课程的开发应当紧密结合学生需求与志趣,并在建设初期开展充分且常态化的调研,以保证课程评价工作常态化,及时修整和更替不再能够促进学生成才发展的落后课程,及时补充能够满足学生当下具有迫切学习需求的课程内容。第二个抓手是建立完善的课程融合教学与跨学科教学环境。要深入挖掘学科育人资源,探寻学科之间的联系,加强学科之间的融合,使得各个学科不再单一孤立,尝试进行跨学科融合教学,从而完善学生的知识体系。第三个抓手在于对课程资源的开发、利用,实现有效统整。要将课程的持续开发作为学校发展的重要命题,要让课程资源更有效地为教学服务,要让课程资源与学科知识相贴近、与学生兴趣相贴近、与实际生活相贴近,要让课程资源的共享成为可能,使师生能够更加便捷地获取并利用课程资源。同时,要进一步引进校外力量为课程资源的开发、利用提供各类支撑,使课程资源符合当下教育改革的最新要求。

1.2.2　综合发展与因材施教——"全景式课程"的价值导向

以成才教育为目标是"全景式课程"在设计中的关键导向。在具体的课程育人模式中,"全景式课程"有着与其他课程设计理念不同的价值取向。对学校来说,实施"全景式课程"能够在保证学生顺利接受国家课程教育内容的基础上,打破传统课堂教学限制,实现国家课程的综合化发展和学生的社会素养提升,并根据不同学生的学习水平与需要实施分类教学,对学生有效地实施因材施教。

综合发展是"全景式课程"设计的价值导向基础。"全景式课程"的综合发展是建立在以学生主体为基础的教育发展思路。对于学生而言,接受"全景式课程"教育的综合发展主要体现在学科课程内容的综合化学习和指向综合化的学科学习两个方面。

对于前者而言,"全景式课程"包含了固定的国家课程以及校本课程两个部分,而校本课程中的补充类课程是对国家课程中每一个独立的学科内容的补充与延伸,它的目的在于使学生能够对国家课程中的学科知识提供更丰富的学习视野,让学生能够更好地理解和掌握国家课程的内容,并真正从单纯的知识学习转变为素养学习。以数学学科为例,圆锥曲线知识点的学习是高中数学课程教学的重点和难点。在常规课程中,通过直白的公式与图像展现给学生的各类圆锥曲线知识是一种直观的数学内容教育。对于学生而言,虽然能够通过常规的国家课程教学理解圆锥曲线的含义,并能够使用圆锥曲线的公式公理解决相关问题,但往往既不理解圆锥曲线知识的来源,也不明白这些知识的发展历程,更不能领悟这些知识在现实生活中的实际价值。这些知识好似一个生硬地列在书本和考卷上的工具盲盒,是没有文化内涵的实用主义道具,既不能激发学生的探究欲望,也不能促进学生的深度理解。而以数学史与数学文化校本课程为代表的补充类课程,能够从圆锥曲线知识点被发现和不断发展的历史进程出发,展示给学生具有数学文化内核的数学知识发展过程。它能够以生动的形式向学生讲述圆锥曲线的价值所在,并促进学生对该知识点的深度理解与学习欲望。更重要的是,知识点的记忆往往是机械的,而过程性的知识却能够以素养的形式长期烙印在学生脑海中。在未来的应试、工作与实践过程中,学生即使对以公式公理为代表的圆锥曲线知识点有所遗忘,也能够通过对数学史与史学文化课程中的过程性知识重新回忆推导出相应的知识点。

而对于后者而言,校本课程中发展类课程则能够给学生提供一种指向综合化的学科学习机会。发展类的综合化课程在具体教学内容中分为单学科综合化与跨学科综合化两种类型。单学科综合化课程是指依托某个特定学科开展的综合化能力培养课程,例如在英语学科中的单学科综合化发展类课程可以包含英语演讲课程、英语公文写作课程、英语翻译课程等发展学生各类英语综合能力的课程。这些课程内容往往具有较强的实践性导向,能够与现实生活中的工作与个人生存产生紧密契合,实现基于育才目标的综合化发展。跨学科综合化课程则是基于多个学科的发展类课程学习,它主要以跨学科的项目式学习、探究式的 STEAM 学习等课程形式呈现,旨在促进学生以能力发展而非学习成绩为取向的学习动机,培养学生面对未来数字化社会中种种可能出现的复杂问题的思考和解决能力。

因材施教是"全景式课程"设计的价值导向延伸。充分的校本课程资源是"全景式课程"能够实现和保障因材施教的资源基础。对于"全景式课程"设计而言,因材施教能够从各类课程的梯度性上得到完美体现。"全景式课程"设计中的校本课程在主题发展上与国家课程有着紧密联系,并采用基于学生水平的梯度化教学。同一主题下的校本课程往往在教学内容上设置了一定的梯度,学生能够根据自身的学习情况予以课程的选择,而从低阶课程学习进入高阶课程都有着相应的考评标准,例如,能够独立解决更为复杂的学习项目,或在实践性考评中取得更好的成绩等。除此之外,对于每个固定的学科门类都有三种及以上的学科校本课程供学生选择,学生可以充分地根据自身的学习兴趣和学习需求进行选择性学习,从而实现符合自身发展规划的素养提升教育。从宏观角度来看,"全景式课程"是以国家课程为核心,以校本课程为帮手,在国家课程大纲的引导下实现学生全面发展与个性化发展的学校课程育人体系。

1.3 指向成才教育的"全景式课程"顶层设计

1.3.1 "全景式课程"的设计开发

在1.2的第一部分,我们展示并讨论了"全景式课程"设计的结构及其合理性,明确了其基于顶层设计的课程建构理念的落实思路。在本节我们将对课程设计开发的具体流程及其需要关注的重点问题予以详尽的阐述。

我国中小学课程改革在近年来有着两项重要的思路转折:第一是从教学建设为中心逐渐转向以课程建设为中心;第二是以课程建设为中心转向以课程体系建设为中心[1]。这样的思路转折背后是学校办学理念与育人目标的体现,是国家考虑各个地方、各所院校的教学文化和条件差异,允许其发挥自身办学特色,利用现实资源更好地落实国家育人政策与目标的应然结果。然而,在实际的设计中,课程及其体系的建构往往受到多元因素的限制与制约。对于学校而言,课程及其体系的塑造不单单是学校本身的工作内容,同时也受到国家和地方教育部门的管理制约,也受到学校财政、教学资源与文化氛围等因素的影响。[2]

例如在诸多少数民族区域,中小学的课程建设往往与当地的民族文化传承有着紧密的联系。在这些课程中,既包含着由国家和地方教育管理部门主导和管理的少数民族课程,也存在以学校自身根据民族和地方特色开设的各类校本课程。前者主要以少数民族语言文字的教学课程等为主,往往在教材、教学内容上有着严格的管理规定和形式上的限制;后者则在形式和内容上呈现出更加多元化的内容,例如关于少数民族传统技艺的学

---

[1] 范俊明.中小学学校课程建设行动与思考[M].武汉:华中科技大学出版社,2021.
[2] 项贤明.基础教育课程改革如何从理念转化为行动——基于我国70年中小学课程改革历史的回顾与分析[J].课程·教材·教法,2019,39(10):41-51.

习,以及涉及少数民族音乐、服饰等内容的课程等,体现了以民族文化教育支持文化主题课程建设的学校育人思路。

又如在经济发达地区,学校课程的建设往往与当地的文化部门或单位有着相互合作的关系。以上海地区为例,多所小学、中学与当地的科技馆、文化馆、大学以及教育科研机构在学生培养的课程建设上有着合作关系。这些地方的教育资源无疑给学校的课程设计提供了新的发展思路。例如,在小学科学课程以及中学的理科课程中,这些科研文化单位往往能够以专业化的知识带给学生们专业的学习视角,以及更多的实践学习机会。而诸如 STEAM 课程、编程课程、机器人课程等一系列内容丰富、形式新颖、教研结合的校本课程,更是这一类课程建设路径给学生素养发展带来的多元化机遇,将学校培养新时代科技人才的教学目标展现得淋漓尽致。

相比于上述的课程建设实际发展情况,"全景式课程"的设计在教育目标上不再拘泥于通过某一项特定技能或者文化内容的教学达成学生某一类特定素养的发展。在教学目标上,"全景式课程"设计的整体思路是培养面向社会生产实践发展需求的人才。而对于中学教学而言,人才培养在未来发展的实际路径中往往主要分为以下两种情况:一是继续接受特定专业化发展的高等教育,二是走向社会,走向特定的工作岗位。而这两种路径都在人才素养需求上表现出突出的特性,即素养需求的分化特征。例如对于走向高等教育的学生而言,即使同样是在高中阶段选修相同的文史类课程、学习后通过高考填报志愿的学生,被文学系录取的学生对其专业的人文素养基础势必有着更高的要求,而学习经管类专业的学生则需要在高中阶段打好一定水平的数理基础。而这样的特征对于直接走向高度分工化的现代社会工作岗位的学生而言有着更加深刻的素养需要。这便使得学校在规划学生未来发展教育的课程建设时需要满足这一多元化素养的学习需求,并尽可能地提供多元化而非单一体系的课程内容。

对于这样的高中育人目标与教学需求,课程设计在方式上离不开对国家课程的高度关注。事实上,作为中学课程的主体部分,高中课程已经能够以基础学科的知识教学的形式与内容,满足学生作为社会公民发展的基本素养教育需求。这些需求包括基本的语言文字素养、逻辑思维素养、审美能力素养、社会价值观素养等。然而,这些素养教育在具体的中学课程教学落实中却难免存在一定的偏误,使得学生素养的发展很难全方位地达到国家课程要求中的更高层次目标。因此,"全景式课程"中围绕的校本课程同样是支持学生达到这些目标的关键要素,并在其中扮演着重要的育人角色。而围绕国家课程的主题与内容对这些校本课程进行设计,能够满足这一"职前人才"在未来自由选择的专业化发展中得到更高层次素养提升的需要,也能够充分依赖学校层面的教学资源推进课程建设,促进学校发展。

由国家课程发展来的校本课程设计开发是"全景式课程"建设需要解决的关键性和核心性问题。这样的校本课程设计在国内教育界主要以两种方式存在。第一种是对国家课程的部分解构,针对国家课程的各个不同的学科,根据学生学习情况以及学校实际资源与能力水平,进行课程结构的解构与教学内容的革新,并结合一些新的知识点与教学内容将之塑造成独立的校本课程。以高中历史学科为例,在中国近现代史的教学内容中对中国共产党发展历程以及为国家崛起付出的贡献予以了一定的阐述,但这种阐述是基于历史发展性的,主要以各种大事记的现实将中国共产党的发展予以呈现,却忽视了我党能够被人民所认可和拥护,并逐渐发展成中华人民共和国执政党的人文背景等多元化的历史因素。解构性的校本课程能够对中国共产党的发展历程进行单独开课,可以更加细致、多元化地向学生展现党在百年奋斗中为人民奉献、为国家崛起而付出的时代进程,也可以把学生带入旧社会普通劳动人民的视角去探究和思考共产党为民心所向的历史缘由。

第二种则是基于国家课程内容进行拓展领域学习。这一类校本课程是在国家课程的教育基础上,针对学科教学的特定技能予以单独呈现,旨在强化培养学生某类独立素养。例如将语文课程中的阅读内容单独设计为阅读校本课程,以及针对在国家数学课程中较为薄弱的计算思维内容,重新设计独立的计算思维校本课程等。这样的课程优点在于教学内容全面细致且有深度,但往往过于关注某一特定类型的学习。因此,需要学校提供给学生足够充足的校本课程资源进行选择,方才能够真正实现因材施教、专业发展的人才培养目标。

1.3.2 国家课程引导下的成才教育生成

在阐述了由国家课程生成校本课程的两种具体方法后,我们需要思考如何通过这样的课程设计思路实现成才教育生成的实际目的。这一目的的实现需要满足以下五个条件:第一,在这样的课程教学体系中无论是国家课程还是校本课程,都能够满足学生的成才教育需求,促进学生的成才发展;第二,这样的课程体系中每一类具体课程都有着明确的培养价值,并且互相之间都存在一定的关联性或层次性,以便满足学生逐步学习发展的进阶需求和发展需要;第三,这样的课程体系是建立在学校资源和能力能够长期支持的基础上的,能够保障其持续稳定发展;第四,这样的课程体系能够提供丰富的课程资源,以便满足学生成才教育中高度专业分化带来的自主选择素养发展的需要;第五,这样的课程体系需要有着充分的理论支撑保证其科学价值,并有一定的实践成功经验作为建设参考基础。

在上述我们对"全景式课程"设计的阐述中已经提及了五个条件中的第一条与第五条。而其中的第二条与第四条本质上是对课程设计中具体表现形式的要求,即在"全景式课程"的顶层设计架构中如何设置具体课程,以及对不同课程进行合理分类与安排的问题。针对这两个问题我们将在本书的后续内容中予以详细介绍,并给出基于成才理念的课程设置方案。那么我们最后需要思考的问题即为,以现有的学校课程建设资源和教学水平,如何在完备的国家课程体系引导下开设一系列合理且有重要价值的校本课程,并建设合理的课程群育人体系——即是否存在课程群教学建设的可行性与实施的完备性。

在回答这一问题前,我们必须对现有的中小学课程教学水平予以一个假定的前提:这些学校能够较好地完成国家课程内容教学的本职工作任务。这是实施"全景式课程"设计的重要基础,也是一个学校在开展课程建设工作前必须达到的实际水平。如果一所学校在国家课程的教学中尚有教学事故频出、存在教学资源短缺等问题,那么考虑课程建设便是无稽之谈。而在中小学校能够达到这个假定的前提下,我们需要解决的就转化为一个更为细致的子问题:学校是否能够通过利用实施国家课程的能力与资源基础,开展对国家课程的部分解构以及基于国家课程内容进行领域拓展,从而设计出一系列合理的校本课程并予以教学实施?

针对这个子问题,在现实的教研探索中,对于想要设计"全景式课程"的学校而言需要完成两个具体的问题任务:完成对校本课程的内容构建,以及保障多元化的校本课程能够成功完成教学工作。前者需要学校拥有一支高水平的课程建设团队予以支撑,后者则需要学校有一批高水平、高层次的学科教师予以落实。

在对校本课程的内容建构工作中,学校教研团队需要对国家课程的育人目标与每一个具体学科的育人目标进行结合性的分析,以顶层设计的视角探索中学课程育人育才的素养类别及其维度划分,并按照素养类别与维度对每个具体学科校本课程的教学目标确定主题。在这一基础上,学校教研团队需要按照学科划分,进一步对每一个具体学科校本课程的教学内容、材料、形式、评价等内容环节予以深入的探究并得到确定。这样的工作是学校"全景式课程"设计中的关键支撑点,需要学校在前期做出大量的基础准备工作。需要注意的是,随着时代的发展与学生学习素养需求的变化,这些校本课程的教学目标、教学主题与教学内容并非一成不变,教研团队需要能够随时根据学生学习需求与学习情况进行即时的教学内容调整与逐年的教学课程调整,以满足人才面向充满不确定性因素的社会素养培养需求。①

在多元化学科教学课程的教学落实工作中,来自各学科教师的支持是必不可少的。具体而言,教师首先必须具备高水平的学科能力,丰富的学科技能知识,以便能够承担具体的教学任务、支撑某一个从国家课程延伸

① 王晓玲,胡慧娟.论学校教研方式的转变[J].教育科学研究,2012(02):28-31.

出的学科校本课程的教学工作。此外,教师的教学知识在校本课程的教学中同样起着关键性作用,虽然校本课程在教育目标上与国家课程有着相似的素养发展教育导向特征,但由于教学形式和具体教学内容可能存在区别,教师在教学形式和教学法的选择与运用上便不能照搬学科的国家课程的教学模式。例如,同是从数学学科国家课程中延伸出的校本课程,数学建模类课程与数学文化类课程在授课的最佳形式上就有着较大区别。前者更需要教师以讲授式、项目式等教学方法展开教学工作,并注重学生的练习过程与实际操作等内容;后者则更加强调学生对数学文化的理解过程,显然以体验式、情景式教学的方法更适合开展。因此,高水平、学科齐全的师资团队是保证成才教育课程实施的学校人力资源基础。

因此,对于每个具体的中学而言,实施从国家课程到校本课程的成才教育育人课程建设,其关键在于基于顶层教育的课程建设理念,规划全方位的成才教育课程体系并保证其得以实施。而是否拥有合格的学校教研团队与高水平的学科教师团队则成为学校"全景式课程"能否顺利开展的重要支撑因素。我们需要明晰的是,这种教学理念下的育人课程建设与实施将成为未来中学课程育人体系的重要榜样与标杆,但鉴于学校资源水平的差异,它并不适合目前所有的中学采纳与实施。因此,在以上海为代表的一系列办学实力强、教研经验丰富、师资团队整体水平较高的中学率先开展对"全景式课程"的探索,具有重要的、先导性的教研意义与价值。

1.4 以学科"1+X"课程群为落点的教育实践

在"全景式课程"设计的探索中,各个具备课程建设条件、以社会导向的人才培养为目标的中学围绕自身的办学经验、校园文化以及教育资源,对"全景式课程"的教育实践展开了一系列的探索性工作。在这些探索中,以课程群建设为重点的"全景式课程"设计理念逐渐被诸多一线中学所接受。课程群建设强调将不同的学科国家课程、校本课程按照育人目标与育人导向进行有机糅合和深度开发,从而通过不同学科课程间的相互联系与跨学科课程的建设,实现群落式的课程开发设计、教研管理、教学实施、综合评价的统一实施整合。在这样的探索中,上海市第六十中学以学校数十年来成才教育研究的成果为基础,以顶层设计的"全景式课程"设计为路径,自 2015 年起逐渐摸索出了一条以学科"1+X"课程群为落点的学校育人课程体系,并取得了较好的研究成果与育人实效。

学科"1+X"课程群建设旨在通过课程群形成学科的深化与延伸,使每个学科都成为一个小的学科课程体系,1 是 X 的基础,X 是 1 的拓展。具体而言,"1"是指国家规定的语文、数学、英语等学科课程及其校本化学习支持系统,"X"是以各类学科为基础开发出的一系列学科延伸课程群。课程群以学科核心素养育人目标年级课程目标为依据,以学生的学习水平为基础,以学生的不同能力培养为目标,以多元化、多维度、重体验、重实践为原则,遵循学生的实际情况以及发展规律,将课程的内容进行统整分类,形成了纵向分层、横向多元的课程体系。

在学科"1+X"课程群中,以"1"为代表的国家学科课程是课程群的内容支柱,做好国家学科课程的教学工作,保证学校落实基本学科教育的工作义务,是课程群育人目标的主干价值。而以"X"为代表的一系列学科延伸课程,则成为课程群中的校本课程部分(见表 1.1)。这些课程的作用在于弥补国家课程未能全面满足学生的素养教育以及实践能力发展需求的不足,同时促进学生对作为主干的国家学科课程有更加全面、深入的理解。

表 1.1 学科延伸课程表一览

学科	内容分类	初阶内容	中阶内容	高阶内容
语文	智慧阅读	外国经典短篇小说选读;孔孟今读	中国文学拓展阅读	中西文学作品比较
	从容表达	诗词朗诵	主题演讲	机智辩论;新闻采访与写作
	雅致人文	唐之韵 宋之韵	走近大师	探寻海派文化之邂逅上海;青年文化现象解读

(续表)

学科	内容分类	初阶内容	中阶内容	高阶内容
数学	教材中的数学文化	代数中的数学文化	图形中的数学文化	数学之美(数学与艺术)
	数学史	中外数学家的故事	数学史上的三次危机	数学史与数学思想演进举例
	生活中的数学	与教材有关的应用问题的研究	生活中应用问题的调研分析	数学问题的模拟建模
英语	趣味英语	生活中的趣味英语	英语歌曲赏析	英语影视赏析
	英语原版阅读	牛津书虫系列小说四级阅读	牛津书虫系列小说五级阅读	报章时文与科技英语阅读
	英语文化	走遍美国	英语国家节日与风俗	英语国家文化遗产
	英语听说	英语语音与朗读	BBC 与 VOA 英语慢速广播	BBC 与 VOA 常速英语广播
物理	高中物理知识和方法的深化与拓展	高中物理力学知识深化和思维拓展	高中物理电磁学知识深化和思维拓展	高中物理力电综合思维拓展及综合应用
	高中物理拓展实验的设计与实践	走进物理实验	重温经典实验	我是科学家
化学	探秘化学实验	走进化学实验室	一堂化学课	"数字化实验"的设计
	化学与环境	PM2.5 与空气质量	空气净化实验的设计与探究	化学与环境保护
	化学与生活	"化学眼"——认识生活中的物质	"化学眼"——探究生活中的化学变化	"化学眼"——探秘化学改变生活的理念
生物	生活中的微生物	微生物的分类	微生物的观察	微生物的应用
	基因与遗传病	遗传规律细胞学基础	常见家族遗传病探究	遗传假说与基因补偿效应

（续表）

学科	内容分类	初阶内容	中阶内容	高阶内容
地理	"彪"行天下	旅游景观鉴赏	旅游研学路线设计	研学旅行在路上
	谁在世界中心	趣味看世界	走遍"一带一路"	大国崛起背后的地理
	地理语言	传统地图应用	3S技术及运用	MapInfo、Arcgis制图
	生活大地理	地理与化学	地理与生物	地理与生态环境
政治	中国古代哲学的智慧	走近中国古代哲学家	走进中国古代哲学	践行先哲的足迹
	生活中的法律常识	走近生活中的法律	做守法的公民	我与司法机关面对面
	社会调查	调查问卷的编写与制作	调查问卷数据分析方法	调查报告撰写指导
历史	中西文化溯源	古典文化	西方近代思想解放	儒家文化
	社会历史变迁	中西历史变迁之滥觞	近代中国社会的新陈代谢	现代世界的形成
	大国历史之管窥	农业文明时代之大国	工业文明时代之大国	国际组织与大国多边关系
信息	VB程序设计	VB程序设计基础篇	VB程序设计提高篇	VB程序设计应用篇
	慧鱼机器人	慧鱼机器人程序设计	慧鱼机器人高级程序设计	
	Edius视频制作	Edius视频制作基础篇	Edius视频制作进阶篇	
劳技	设计与制作	三维建模基础	产品创新设计	3D打印与模型制作
艺术与体育	绘画雕塑欣赏及实践	绘画欣赏初级	绘画欣赏中级	绘画欣赏高级

（续表）

学科	内容分类	初阶内容	中阶内容	高阶内容
	音乐欣赏	流行音乐欣赏及创作	民族音乐欣赏	古典音乐鉴赏
	篮球训练与比赛	基本功如:传球、运球和投篮等	基本配合,如两三个人之间的简单配合	整体配合（包括进攻、防守），强侧与弱侧和篮球规则等
	足球	足球个人技术	3对3、5对5配合战术	整体攻防演练与配合
	棒球	传接球技术与防守	击球、进攻配合	整体进攻与防守
	桥牌	Sayc桥牌基本打法	约定叫、高级打法	防御叫牌、规则、裁判法
	围棋	围棋初级	围棋中级	围棋高级
	国际象棋	国际象棋初级	国际象棋中级	国际象棋高级

　　"学科延伸课程"基于各学科本质,明确了学生学习该课程后应达成的学科核心素养,彰显了学科独特的育人价值。这些具体的课程是上海市第六十中学在多年的教学实践中不断打磨并最终保留下来的延伸课程体系成果,并且随着学生素养的发展还将接受进一步的评估、增改与调整。然而这样成熟的课程体系不免让人对学科"1+X"课程群的开发、建设与实施产生困惑:这样的课程群教学是否能够满足学生的素养学习? 它符合学生接受学科学习的应然逻辑还是仅仅增加了学生在学科学习中的负担? 它能否真实地实现学校的成才教育目标还是只是简单的兴趣班开发? 学校应该如何去开发和建设合理的学科"1+X"课程群体系? 这些问题都将在本书接下来的内容中结合上海市第六十中学的课程改革经历,带领大家进一步研究和探索。

2 学科"1+X"课程群建设的思路

    上海市第六十中学从学校的实际教研出发,率先提出学科"1+X"课程群建设理念并对此展开细致而深入的探索。对于上海市第六十中学而言,学科"1+X"课程群的建设及其教研是立足于学校一直以来坚持的"全景式课程"方案所实施的课程建设具体策略之一,它着手于"1+X"课程群的开发和实施,并对其进行及时的反馈与科学的评估,为进一步推动学校课程建设、实现"让每个学生全面而有个性地发展"的办学新追求进行实践探索。但是需要阐明的是,学科"1+X"课程群建设并非学校课程建设的全部内容,它仅仅是学校"全景式课程"建设的重要组成部分。以上海市第六十中学为例,学科"1+X"课程群建设秉承着以国家课程教学为主体,将国家学科课程与学校校本课程融合发展、结合育人的课程群教学理念。相较于其他的校本课程建设思路,学科"1+X"课程群不再对校本课程与国家课程在育人形式、学科、目标倾向上予以严格的划分,而是秉持着基于国家课程开发校本课程,两种课程互相促进、共同发展、协同育人的课程建设理念。学科"1+X"课程群建设同样是一种坚持学生本位的课程建设理念,具体表现在对学生学习的全面发展的追求,以及对学生个性化发展的满足。课程群的学生全面发展体现在以"1"为主体的国家课程本身在学科及其内容上能够多维地满足学生的素养发展需求,而以"X"为延伸的各类校本课程则从不同方面进一步发扬了国家课程在具体实施中存在的素养育人优势,使得学生在学科维度与视野上得以全方位提升。个性化发展则表现在学生对"X"课程的选择学习上，针对由不同学科方向延伸出的各类社会素养发展课程，学生可以根据自身的爱好与需求对课程进行选修学习，从而得到专门化的素养提升途径，以及个性化发展的机会。

基于学科"1＋X"课程群建设的整体性功能思路，学校在实施学科"1＋X"课程群建设的过程中需要厘清三类思路：一是如何基于以"1"为代表的国家课程，设计出合理的"X"延伸校本课程；又如何保证各个"X"课程之间，及其与"1"课程之间时刻保持既紧密关联彼此促进、又在内容与形式上相互独立的发展关系。二是如何确保以课程群形式存在的各类学科各异、形式多样的课程教学，能够满足学生成长为社会人才的总体目标，并且能够得到全面且个性化的素养发展。三是如何在以国家课程实施为核心的基础上，保证包含一系列学科"X"课程的"1＋X"课程群在建设与教学方面的长期稳定发展。基于上述思路，我们走进学科"1＋X"课程群具体建设的内容中。

2.1 学科"1+X"课程群的内涵

2.1.1 国家课程的校本化改造与实施——"X"延伸学科课程的建设内涵

1）国家课程校本化改造的可行性探讨

自从校本课程开发的概念于 1973 年被菲吕马克（Furumark）和麦克米伦（Macmillan）等研究者提出后，关于校本课程的研发便成为诸多学校与学者重点关注的话题。事实上，校本课程在内容上并非全新的概念，在 1973 年以前，各个国家和地区都有大量的各级学校根据自身的办学宗旨以及学生的学习需求以各类形式建立起的校内的课程开发活动。这些课程凭借着独特的教育内容与教学手段，将学校独特的办学与育人理念体现得淋漓尽致,并有效推动了学校的办学体系高质量发展。

在传统的校本课程建设中,以学校的办学目标与学生的独特技能/素养发展需要开展校本课程建设,成为学校校本课程研发的主流方式之一。这样的校本课程在形式与内容上独立于传统课程的教学内容,并具备明确的教育目标。例如,在20世纪50年代,在中小学生对语数外等传统学科知识内容掌握较为深入但欠缺劳动技能的背景下,一部分中小学校在国家尚未开设劳动国家课程时,便将劳动技能的培养引入校园课程的教学内容中,并将劳动课程与学校的农业生产等任务相结合,使得学生以从事生产实践的方式获得实践性的技能培养,这同时也解决了学校单位的农业生产任务要求。又如,在本世纪初,素质教育的火热使得诸多中小学接连开设了以器乐演奏为主要技能培训的音乐类校本课程,这些课程发展了学生的音乐素养,其优秀学生组成了学校的器乐乐队/乐团,为学校文娱活动的发展作出了相应的贡献。可以看出,这些课程往往与学生需要掌握的基础学科类国家课程并无过多的内容联系,它们更像是基于学校特殊育人理念的特殊化人才培养方式,同时兼具了学校发展的功能价值。从学生的角度来看,这些课程确实以独立的视角培养了学生的专业能力,但这些课程的教学内容往往停留在简单的技能培养的层面,难以企及高水平的专业能力发展,也同样无法实质性地培养学生的学科思维。[①]

为应对特殊化的考评机制与职业发展渠道,实现人才培养特殊目标而设立校本课程,同样是部分特殊类型学校在课程建设中惯用的思路与方法。例如在部分国际学校中,除了法律规定必须需要教授的国家课程外,对学生面对国际升学考评体系的学习课程同样存在相应的由学校建设开发的辅导类课程。以美国大学委员会主办的SAT考试为例,SAT是诸多海内外学子申请美国高等院校本科录取名额的重要考评指标之一,为了使学生在考试中取得更好的成绩由此获得高校的录取,针对SAT的专业性辅导课程几乎成为国内每一所国际学校必备的校本课程。然而,由于没有

---

① 吴刚平.校本课程开发的特点与条件[J].教育研究与实验,1999(03):28-31,72.

官方的政策性指导与规范性教学文件的约束,这类校本课程在不同的国际学校中同样展示出不同的教学风采与形式各异的教学辅导方式。这也体现出了校本课程建设高度自由化的特征。又如,在部分职业学校中,针对市场或固定单位的招工需求,学校往往会在学生的职业培养中增加某些特定技能的课程培训,从而使得学生能够满足市场或单位的用工需要。这一特征在技术飞速发展的现代职业教育体系中极为常见,基本的实践操作课程、数控知识课程、数字化技术课程等正以校本课程的形式逐渐提升职校学生的现代化生产技能水平,为其毕业后的求职与工作打下坚实的基础。

过于强调特殊技能发展或应对特殊学习要求的校本课程能够有针对性地满足学校特殊的育人目标要求。然而,对于学生而言,这样的课程往往在教学性质上缺乏整体性认识,在教学内容上也过分契合功利性的学习目标——需要注意的是,这样的学习目标往往与中小学的育人总目标相悖。第一,对于学生而言,这样的课程教育虽然能够快速获得技能或应试上的发展,但往往难以获得根本性的素养发展。例如在小学阶段的器乐学习校本课程中,短期的校本课程往往以教授学生乐器演奏速成为主要教学目的,学生在没有获得基本音乐知识与乐理知识的情况下就直接练习乐器演奏,而教学内容通常只围绕固定的几首曲目展开。经过一个学期或一个学年的课程后,学生确实能够顺畅地弹奏出这些曲目,但这些往往是机械性练习的结果,并不意味着学生音乐素养的本质性提升。大部分学生并不能理解曲目的音乐内涵,也不理解曲目中所包含的乐理知识,待到课程结束不再接受高强度的练习后,掌握的技能也常常随之消失,课程教学的功效难以保持持久。第二,针对技能的特殊化培训也使得学生在工作发展上难以保持持续的竞争力,尤其在科技飞速发展的信息化时代,单一技术操作技能的掌握往往使学生岗位胜任力不足。以会计专业的职业培养为例,部分中等、高等职业学校在会计专业学生培养中将珠算技能的培训作为独立的校本课程展开建设,并将其纳入会计技能课程群组的一部分。然而随着时代发展,会计电算化的出现使得传统的珠算技能彻底退出了历史舞台,仅仅掌握珠算技术的会计学专业毕业生自然也无法适应当下的会计工作岗位。第三,以应试为目标开设的校本课程通常过于关注考试考核的知识内容,而忽略了对学生根本性的知识建构与学科思维培养,这使得学生即使能够在一次选拔性考试中拔得头筹,也难以在后续的专业学习与未来发展中保持持续的学习能力和发展潜能。例如,部分高等院校为学生通过CET4/CET6英语考试特意设置了专门的提升型课程,学生通过这样的短期强化课程学习后往往能够在下一次的考试中取得不错的成绩,但这并不意味着学生的英语水平得到了本质性的改善。且这样的拔高型教育往往在知识层面上存在着严重的教学内容不均衡现象:应对仅有笔试的英语选拔考试便不再注重口语能力,最终使得学生练得一身"哑巴英语";应对以翻译、写作为主的英语选拔考试便忽略对英语文学作品审美欣赏的凝练,使得学生陷入了机械功利的写作、翻译模板怪圈。

究其根本原因,这些校本课程在建设开发时便忽略了对育人理念的整体认识,没有在校本课程建设过程中贴合国家要求的学校育人的总体目标和理念,忽略了以国家课程建设与实施为主体的本位思想。表现为学校在制定课程规划时,忽略了课程对学校育人理念的回应,存在制定课程目标的短视,没有深入思考校本课程与原有的国家、地方课程之间的内在联系与呼应,使得开发出的校本课程难以解决学校人才培养中"何为人才"以及"何以成才"的实际问题。[1] 聚焦整体理念对于我国高中的课程建设开发及其课程教育有着更加重要的实际价值,即校本课程的开发必须基于合理化的课程建设体系。在这样的基础上,2001年国务院发布的《国务院关于基础教育改革与发展的决定》中,明确规定实行国家、地方、学校三级课程管理,国家制定中小学课程发展总体规划,确定国家课程门类和课时,制定国家课程标准,宏观指导中小学课程实施。在保证实施国家课程的基础上,鼓励地方开发适应本地区的地方课程,学校可开发或选用适合本校特点的课程。[2]

---

① 丰际萍,杜增东,李梓.学校课程体系建设的研究与实践[J].当代教育科学,2011(14):33-35.
② 樊丽娜,柳海民.中国特殊儿童教育政策变迁与支持路径——基于历史制度主义视角[J].社会科学战线,2020(05):276-280.

因此,我们要从学校课程层面出发实现学生人才发展的根本目标,在保证学校国家课程教学实施的基础上展开促进人才发展的校本课程建设,并合理化利用课程开发的学校实际资源水平。由此,相较于开发独立内容主题的自主课程,围绕国家课程与地方课程进行校本化课程建设成为我国高中校本课程开发更为现实的实施路径。

2) 国家学科课程校本化延伸的逻辑内涵

在"1+X"课程群建设中,"X"课程作为国家课程校本化建设的课程群组,其开发建设的内涵满足了高中人才培养的两类底层逻辑:其一,高中国家课程的各个学科教学内容能够普遍满足现阶段高中学生素养的发展维度,全面包含了高中学生应当具备的人才素养成分。其二,虽然高中国家课程在教学目标和教学任务的要求上十分完备,但由于各类现实存在的教育问题,学校现有的课程教育水平与质量在全方位地满足学生理解学科精神、建设学科思维、发展实践创新、契合未来发展、满足社会需求的多元化人才培养需要方面存在欠缺并亟须补足。

在教育部制定的《普通高中课程方案(2017 年版 2020 年修订)》中,明确规定了普通高中课程由必修、选择性必修以及选修三类课程构成,它们是中学教育中国家课程的组成部分。这些国家课程包含语文、数学、外语、思想政治、历史、地理、物理、化学、生物学、技术、艺术、体育与健康、综合实践活动以及劳动等多门学科课程,都包含固定的必修学分,部分学科还包括一定的选择性必修学分以及选修学分。文件指出,在高中阶段,国家课程的开设有以下三类教育目的:第一,必修课程由国家根据学生全面发展的需要设置,它的存在保证了学生作为高中学生必须通过高中课程教育得到的素养发展;第二,必修课程与选择性必修课程、部分选修课程是学生参加普通高等学校招生全国统一考试(普通高考)的课程范围需要,这些科目的修习和学分获取是学生参加普通高考的必备条件,这些课程的内容也和普通高考的考核内容有着高度的一致性;第三,选择性必修课程以及选修课程能够满足学生的兴趣爱好以及个性发展的需求。

国家规定,在普通高中课程中,国家课程与校本课程的定位皆在于提升学生的综合素质,着力发展学生的核心素养。其本质在于高中毕业后的学生能够适应时代发展,成为新中国建设的时代新人。其中崇高的理想信念与强烈的社会责任感,丰富的科学文化素养与终身学习能力,全球化、社会化的自主发展能力与共同合作能力,是高中课程的培养目标重点。然而,在实际教学中,国家课程的教育目的多样化特征在学校实施课程育人时往往难以全面把握,部分学校在落实国家课程教育目的时存在一定的偏重性,这使得课程科目在设置时有所侧重,各个学科的课程内容极易发生重心偏移,教学形式很难实现均衡化发展。例如,高中课程学习面向学生参加普通高考的教育目的侧重问题,便在一线的高中学校教学中普遍存在。这使得高中学校的课程教学逐渐产生了以下两类问题:首先,部分普通高考不再涉及的学科在部分高中实际教学中的课时数大大减少。以技术、艺术、体育与健康三个科目为例,这些科目的必修学分与选择性必修学分整体上并不低于语文、数学以及英语课程,然而在现实的高中课程教学中往往存在着较大的课时缩水现象,部分高中甚至在学生的高二、高三阶段不再开设这三门课程,即使在高一阶段也以各类实际情况将课时内容进行了大幅度的缩水调整。其次,部分学科课程内容教学内容存在偏移。以高中数学学科为例,自从新高考政策出台,数学学科考核知识删除了对命题及其关系的内容考查后,部分学校的数学课程便不再将其纳入重点的课程学习内容,甚至不再教授学生基本的命题内容知识。然而,以原命题、逆命题、逆否命题等一系列内容为核心的命题内容知识的学习,是发展学生数学逻辑思维素养的重要方式之一。忽略了这一方面内容的考查,极易影响学生的逻辑思维发展。另外,高考大纲将极坐标与参数方程、不等式选讲等章节内容剔除,更是导致数学学科选择性必修的相关内容被学校数学课程教学"选择性忽视"。除此之外,国家课程内容在落实过程中容易被一线教师在素养教育视角上误读。以数学学科为例,部分教师在教学过程中存在过分强调数学解题能力,忽略数学学科的人文价值教学与考查的问题。而英语学科中同样存在过分关注学生词汇量的积累、听力阅读与写作能力的提升,而忽视了学生的英语口语交流能力等,使得现阶段的高中英语教学饱受诟病。这些行为都导致了完备的国家课程教育在课堂教学过程中无法契合其育人理念,从而使得国家课程的实施质量大打折扣。

因此,基于国家学科课程的基础开展合理的校本化课程建设,以实现国家课程体系育人目标,是学校学科校本化课程发展的重要目标、思路和手段。这些校本课程的建设需要紧密围绕国家制定的高中课程教育目标,也要满足学校独特的育人理念与人才发展要求。并且,这些校本课程要能够切实地调节学校在部分国家课程科目实际教学课时分布的不合理现状问题,解决部分教师在实施国家课程教学过程中可能存在的内容侧重与偏差矛盾。真正从学科群建设出发,落实到每一个独立学科教育的视角,助力国家课程体系育人的全面化和完备化,由此实现学生学科素养的全面发展。[①]

2.1.2 从"1"到"X"的系统化学习体系——学生本位的视角

除了满足国家的课程教学目标以及学校独特的课程培养要求外,满足学生学习需求、符合学生学科学习的自然规律、适合学生接受课程教学的科学逻辑,便成为"X"学科校本课程建设必须满足的学生本位视角。学校是教育者有组织有加护地对受教育者进行系统教育活动的组织机构,其核心功能在于对受教育者的教育培养。因此,任何课程的开发必须满足学生的学习需求,课程的教学内容必须能够被学生所理解和接受,这样的课程的开发、建设与实施才有意义与价值。[②]

对于学生而言,学科学习的核心要素之一在于对学科思维的掌握,而学科思维的掌握则是满足学生学习需求的核心。完善的学科思维并非单由基础的学科知识构成,学生需要在学科知识学习、学科基本技能掌握、学科问题提出与解决、学科实践操作、学科文化教育等一系列的教学内容中,

---

① 徐玉珍.论国家课程的校本化实施[J].教育研究,2008(02):53-60.
② 黄翠华.校本课程开发中的历史深度与文化广度[J].教育理论与实践,2018,38(35):38-40.

自发性地获得对某一学科的全面认识和理解,从而内生性地获得属于学生自身的学科思维体系。"X"学科校本课程在主题开发时,更多地为学生的学科思维掌握提供了一种基于学科本位的新的学习视角,为学生学习需求的发展提供了更多的选择机遇。

以上海市第六十中学的数学"X"校本课程为例,围绕数学学科的国家课程,学校共开发了"教材中的数学文化""数学史""生活中的数学"三类数学学科校本课程供学生选择修读。这些课程并没有与数学国家课程的内容重叠,而是从文化、历史、实践三类视角提供了数学学科发展学习的新视野与新思路。这三门课程的内容既是独立的,也与数学学科国家课程的教学内容存在一定的联系。以"教材中的数学文化"为例,课程在教学内容上依旧围绕数学学科国家课程展开,但相较于数学学科国家课程中对学生知识点掌握与解题应用等维度的课堂教学要求,其更偏向于围绕教材中某一知识点在人类历史上被发现、被研究,进而获得发展、运用等过程的文化影响,以及相关数学内容在科学技术、人文艺术等相关文化领域的体现与运用展开。表现在课堂中,主要存在两方面内容的教学延伸。第一是对教材已有的数学文化内容的详细阐释。在学校使用的沪教版数学高中教材中,以高一数学必修上册中的集合与命题章节为例,教材在对集合知识进行了整体性介绍后,以英国数学家德·摩根执教某一集合问题的故事为例,展示了集合知识点的文化内涵及其现实运用的价值。随后,教材又加入一篇涉及集合知识的英文小故事(White,Black,Brown),以跨学科文化融合的视角,展示了有关集合知识的数学文化。在数学学科国家课程的具体教学中,因为教学时长有限等各方面原因,这两块内容很少在集合章节的课堂教学中具体呈现,部分教师甚至会将其作为教材的课后阅读部分布置给学生进行自主阅读和学习。而在"教材中的数学文化"校本课程中,课堂内容将围绕这两块内容进行详细的教学和拓展延伸。教师将带领学生从这两篇数学文化故事出发,深度理解集合知识的文化价值,从而使学生对集合知识有更加多元化的认识与理解,并促进其全面化的数学素养发展。除此之外,校本课程还会将教材中没有提及内容的知识点所涉及的数学文化知识向学生展示,以更加多维的视角培养学生对数学知识点的理解,从而培养其深层次的学科思维。

符合学生学科学习的自然规律是"X"校本课程基于学生本位视角的另一功能。事实上,以单一知识点配合习题练习的教学模式,成为目前诸多高中落实国内数学学科国家课程教学的主流形式。这一教学模式的优点在于能够高效培养学生对基本知识点的理解以及基本知识运用能力的掌握。而缺点在于难以培养学生多元化的学科理念,也局限了学生对知识点认识与运用的维度。例如很多学生在学习了某一篇英语课文,并熟记了课文中出现的新单词后,对单词的含义及其运用仍然停留在课文内容中,在日常英语交流中并不能够熟练地使用,也不能理解这些单词可能附含的其他含义及其与其他近义词之间的异同点。事实上,科学的语言学习离不开整体的语言环境建构过程,学生只有尽可能地沉浸在真实的语言环境中,才能切身地感悟、理解和掌握一门语言。而类似于"英语文化""英语听说"等校本课程的建设,则在搭配英语学科国家课程的基础上,为学生科学、自然地学习英语提供了良好的学习环境氛围,符合学生英语学习的自然规律。这些校本课程虽然独立于国家课程,却在课程的育人目标上对应了国家课程的育人理念,推动了国家课程育人目标的全面实现。

适合学生接受课程教学的科学逻辑是"X"校本课程能够基于学生本位进行开发设计的必备要点。[①] 对学生而言,"X"校本课程的学习不仅不能对其学科国家课程的学习产生负面影响,还要能起到促进学科国家课程学习的作用。事实上,学科延伸校本课程的学习与学科国家课程在育人目标上有着高度的一致性——促进学生素养发展,培养多元化的社会人才。而在知识学习层面上,两者之间又存在着相互补充的关系。以物理学科为例,作为高中阶段学习内容较为复杂、学习难度较高的一门学科,很多学生在物理国家课程的学习中常常存在难以理解物理概念、不能厘清各类物理问题中各因素间的联系、无法将物理理论知识与现实运用进行联立结合等

---

① 丁邦平,顾明远.学科课程与"活动课程":分离还是融合——兼论"学生本位课程"及其特征[J].教育研究,2002(10):31-35.

问题。而在上海市第六十中学的"X"物理学科延伸校本课程中,以"高中物理拓展实验的设计与实践"为代表的一系列课程能够以深入探究和实际操作的形式将学生从单纯的物理知识学习与解题训练中"解救"出来,从而促进学生对物理国家课程中知识点的掌握。在实际教学中,以力学知识点的小木块运动为例,学生在"高中物理拓展实验的设计与实践"校本课程中能够通过自己对小木块运动的实际操作,切身感受到物体在不同力的作用下实际的运动形式与轨迹,帮助自己更好地对物体的受力情况予以分析,进而实质性地加强对力学知识的理解,从而促进自身物理学科素养的发展。

2.2 学科"1+X"课程群建设的目标

课程目标是课程在建设和实施时想要实现的教育意图,它反映了课程建设者和课程实施者对课程本身的教育期望,也是确定课程形式、教学内容、教学方法等具体内涵的方向基础。如果将课程视作有明确目的和方法的发展学生知识、能力、品格等方面的教育手段,那么课程目标则决定了这一手段将何时实施以及怎样实施的具体内容。

2.2.1 课程群建设的素养教育导向

1) 素养教育导向的学科校本课程

课程目标的建设往往需要从学生的学习基础出发,依据现有的教育资源等因素,制定可能实现的课程教学目的,并以此设计具体的教学形式与过程。对于特定的短期课程而言,课程目标往往与学习者的学习需求有着紧密的联系,而在教学内容和形式上也呈现出相应的特点。例如,针对学生公文写作能力普遍较低的实际情况,以及其在未来生活中需要掌握基本的公文写作知识与技巧的学习需求,部分学校选择开设特定的公文写作课程供学生学习,以达到提升学生公文写作能力的课程目标。对于这样的课程而言,其目标的设立有着明确的技能导向性和实用主义思想。

然而,过于实用主义的课程教学虽然可以在短期内提升学生的社会技能,但同样存在着诸多现实问题。在中学校本课程的发展中,以学生的技能提升为目的开展建设的校本课程并不少见。无论是类似的公文写作课程,还是鼓乐队培训课等,由于课程内容过于注重学生对特定技能的掌握,很难实现长期有效的教育目标。掌握公文写作基本技能的学生并不意味着能够在未来的社会工作中具备写出高水平公文的能力——因为在没有文学素养的积淀以及丰富社会经验理解的背景下,写出的公文往往只有形而无质,沦为内容空洞的宣传告示。而当学生没有对技能进行长期的运用和训练时,课程所传授的技能也会很快被遗忘,类似于那些在小学时参加过少年鼓乐队的学生,在成年以后往往不再掌握演奏这些乐器的技能。因此,基于具有明确素养教育的学科课程来制定校本课程目标的设计思路,使校本课程具有长期有效的育人价值,逐渐被诸多一线中学所探索和思考。

素养导向的校本课程建设给了校本课程学科化发展新的思考方向。在传统的三维目标主导下的学科教学内容中,课程目标依据知识、技能与情感态度品德三个维度进行了划分。这样的划分虽然符合学生在知识学习和掌握中的生长梯度,却忽略了中学课程具体实施时存在的学科特质,同时将学科学习的视野限制在知识技能与情感态度的范围中。对于学生而言,课程的学习并非仅限于获知某类知识、习得某类技能抑或培养何种品德,学科校本课程尤为如此。事实上,三维目标将校本课程的发展同样带入了这样的课程目标理念建设中,进而将其引入了完全模仿国家课程的一套设计、发展与评价的课程建设机制中。虽然这样的建设机制是科学且完备的,但也会部分局限校本课程建设的目标思路。在这样的背景下,我们可以看到中学学科校本课程在同一时间段内的内容设置上同样存在着高度知识化教学的目标导向,并由此产生了一系列类似于奥数、雅思英语等内容的学科校本课程。而 2014 年教育部印发的《关于全面深化课程改革落实立德树人根本任务的意见》首次在国内基础教育领域提出了各学段学生发展核心素养的要求,相应的内容则在三年后的各科高中课程标准中得以落实,各个学科在高中阶段需要发展的学科核心素养也由此得以确定。而后,围绕学生学科核心素养发展的学科课程设计与实施理念成为主流。

各科的高中课程标准对学科教学的素养发展提出了具体的标准要求。然而,在一线教师执行国家课程教学的过程中,其教学能够给予学生的学科素养发展呈现出了不均衡的现状。除了受到以高考为考评导向的教学内容限制外,各类由教师、教材、教学环境因素带来的学科教学影响因素都对国家课程下学科课程的素养教育理念带来了挑战。例如,围绕由国家统一版本的几款教科书(人教版、沪教版、北师大版等)展开的学科教育,是一线中小学开展学科课堂教学的重要内容参考标准,根据书本内容展开学科课堂教学也成为一线教师实施课堂教学的主流形式。然而在这样的背景下,虽然教科书已经明晰学生可能在其他的学科素养维度上存在差异,但教师根据自身实际教学水平或教学导向对课堂教学的内容予以调整和修改同样也是难以避免的,这样的现实必然导致国家课程素养教育落实的方向失衡。此外,虽然国家课程标准已经对各个学科的素养教育标准作出了相对科学合理的培养要求,但部分版本的学科教科书中的学科素养成分本身也确实存在不均衡的现状,诸多版本的学科教材存在难以平衡学科素养之间比例关系的客观现实。例如,在某版本的高中数学教材中,逻辑推理及数学运算等内容占比和要求便明显高过以数据分析素养为代表的其他数学核心素养内容,而对于其他可能存在的"非核心"类数学学科素养(数学计算思维、数学量感、数学灵感与直觉等)的占比则更加稀少。然而,这些不被重视的学科核心素养与学科非核心素养,在学生未来的学习与发展中同样有着巨大的作用价值。例如,在信息化时代,学生需要具备高水平的数据分析素养来面对生活中日益增多且无处不在的各类数据信息,从而实现生存和发展的需要。而数学计算思维则能够使得学生更加直观地理解和掌握数字化时代的基本技术内核原理,从而成为技术的引导者。

面对全面的学科素养发展需求以及难以全面均衡落实的学科国家课程的教学现状,围绕学生学科素养全面发展的课程建设成为中学校本课程建设的新目标,也成为部分学校完备国家课程教学任务的新手段。在具体的实施过程中,这样的教学目标同样可以按照素养发展的思路予以划分:一是以校本课程来补足学校在学科国家课程教学中对学科核心素养教育落实的不均衡,补足学生学科核心素养的缺漏点,促进学生学科核心素养的全面发展;二是围绕现实课堂教学中未能重点培养的其他学科素养,即一些学科赋能的"非核心素养",予以教学发展,从而实现学生学科素养的全面发展。在具体的实施中,以上海市第六十中学的艺术与体育校本课程设计为例,桥牌校本课程以及国际象棋校本课程的内容显然不在常规要求下的国家体育课程内容当中,但对这两门校本课程的教学既能够促进学生善于思考探究的健康行为、在博弈中发展友谊第一比赛第二的体育品德等体育核心素养,也能够发展学生严谨思考的逻辑思维等"非核心"体育素养,同时也实现了体育学科国家课程中的学科素养发展培养的教学需要。这些内容都助力着学生在未来的生活和职业中的生存与发展。①

2) 课程群理念下的素养全面发展

课程群建设理念是多个课程基础上的整体性课程建设理念,其创立之初的目的在于将一系列互相衔接或相关的课程串联为一个群组,以此实现长时阶段内高水平人才的培养。对于大学而言,培养专业能力和专业素养是人才培养中的具体内容导向,而这些专业能力与素养的构成往往需要多元化的内容支撑。如在师范大学的师范生培养中,学校既要开设充足的学科基础课程以保障师范生具备充足的自身学科基础知识,也需要开设教育学、心理学、教师职业道德以及学科教学论课程以保障师范生的教学理论

---

① 王凯,郭蒙蒙.学科课程群:概念辨析、类别梳理与系统设计[J].课程・教材・教法,2020,40(11):4-12.

知识发展与职业品德水平,同时搭配各类见习实习课程促进师范生教学实践能力的发展。这些课程相互联立,成为一个有机统一的课程群落整体,共同保障了师范生培养体系的有效运作。1990年,北京理工大学在课程体系改革中首次提出了这一系统化的课程群育人理念,并在不断摸索中指出,课程群是建立在现代课程教育理论与思想的基础上,对教学中可能存在相互影响、互动、有序、联立的各类独立课程教学内容,进行科学、系统整合构建后的课程有机集群。在这一课程有机集群中,每一个课程及其设置的教学内容、教学时间、教学时长、教学评测等内容都围绕着统一的育人培养目标展开建设,在明确的教育任务指向下发挥着各自的育人作用,并通过统一连贯的形式将这些任务的作用集合从而促成整体育人目标的实现。

在这样的理念下,我们可以理出几个课程群建设的关键要素。第一:课程群一般应由三类及以上主题的课程组成,各课程子集之间相互连接、相互配合、相互促进。例如,在数学专业的课程群建设中,代数类课程、分析类课程、几何类课程、概率类课程等都可以被视作各自独立的子集,每个子集中都含有一门以上的专业课程,而各个子集的相互联立构成了整个数学专业人才培养的课程群整体。第二,这些独立的课程子集之间需要具备相互密切联系的课程关系。如数学专业课程子集中,代数类课程的思想往往可以与几何类课程中的部分内容产生关联,从而使学生对几何类课程有更深刻的理解。又如师范生的教育学课程可以为他们后续的见习实习课程提供理论支撑,而后者也可以通过实践的方式促进学生对前者的深层次理解。第三,各个课程子集在育人整体目标中都发挥着明确且重要的育人作用,有着实质性的育人价值。第四,这些课程子集能够有机地形成课程群整体,并能够进行系统的建设、督教、调动、测评等统一的内容管理。例如,当发现培养出的师范生教学实践能力不足的问题时,学科基础子集课程便可以在教学的知识内容中多增加一些与一线课堂教学管理相关的知识内容,教育学子集课程中则可以多添加教学方法、学科教学论的实践理论课程,而实习见习课程则可以加长课程时长、加强课程管理以及挖掘课程深度,从而从多个维度提升学生的教学实践能力。①

随着育人理念的不断发展,中学教育从普适性的学科知识教育课程,逐渐转向了以人才发展为目标的学科课程教学建设中。这样的理念除了改变了原有学科教学课程中对知识、能力、情感的三维要求,并转变为素养发展的教育内容外(例如扩充了学生生活实践能力方面的知识、增加了学生对专业技能掌握的要求等),也对中学教育的课程建设体系提出了新的挑战。在这样的理念下,以素养发展为目标的中学课程教学理念被越来越多的中学教育领导者和管理者所接受。而与之相应的则是课程建设理念与探索的改革创新。这些创新的具体成果与相应的育人要求,也在当下的高中课程标准中得到了详实的展现。

素养发展的教育理念,其本质在于培养出的学生需要具备适应在现实社会以及未来社会中生存和发展的素养需要。随着时代飞速发展带来的社会多样性与技术多元化,这些社会化的公民素养包括了知识、能力、品德、情感信念等多个维度的内容要求。这一差异在各个社会职业中都有着现实且深刻的体现。例如,对于会计这一古老的职业而言,旧时代的会计需要掌握的技能多集中在账目统计、资金评估等几个单维的核算型工作内容当中——虽然熟练掌握这些技能同样需要付出很大的精力(例如在货币制度混乱的时代,会计往往需要对成色不一的银两的价值予以准确的判断),但在工作内容的目标维度上却是相对单一的,所使用的技能也不会有很大变化(珠算、听音辨银等)。然而,随着时代的发展,会计的职业职能在内容范围上发生了转变。会计的工作职责逐渐包含了财务管理、投资理财等多项内容维度,需要从业人员不断学习包括会计电算化、当下的会计法律法规等新的知识内容与技能。这些都使会计职业的内容维度和技能更迭发生了较大的改变,从而提高了其职业素养的多元化要求。除了工作内容与范围上的变化外,时代的变化对公民生存和职业发展的品德、情感以及认知也提出了更高的要求。例如更高水平的职业道德,以及更加稳定的

---

① 林长山,王玲湘. 学校主题课程群的构建与实践探析[J]. 课程・教材・教法,2019,39(08):124-130.

工作信念等,这些都是公民素养的重要内容。

在全面的公民素养要求下,由单个学科课程或同类课程构成的人才培养策略显然不再能够满足学校面对数字化、信息化时代的人才培养目标需要。公民的生存与职业赋能需要多个学科的课程共同协调培育,方可得到更加全面的针对性培养。对于高中学校而言,课程建设的思路不再局限于从单个学科的视角思考固定学科课程能够赋予学生怎样的素养发展,而是需要探析社会化人才应当在哪些维度上掌握必备的素养基础,又在哪些维度上可以根据自身的生存与职业发展规划,选择特殊的学科校本课程来获得专门化的素养教育机会。例如,逻辑推理素养是数学学科能够赋予学生的核心素养之一,它是学生在现实与未来社会中生存和职业发展的必备素养基础,学生必须具备充足的逻辑推理素养去面对和解决生存和职业中可能遇到的各类问题,否则便会难以融入社会发展当中。而作为思政学科的学科校本课程,社会调查课程能够在教授学生基本的社会调查理论与技能的基础上,培养学生面对社会发展与文化进行科学探究的素养,使得对社会科学感兴趣的学生能够更早地融入和掌握科学的社会观念。这些素养虽然不是人人必备的,却是相关领域工作者生存与发展的重要素养内容。[①]

在这样的背景下,以多个学科国家课程和相应的学科校本课程有机整合构成的课程群,成为高中实现人才素养全面发展的重要课程建设举措。在这样的课程群中,国家课程扮演着对学生必备素养基础的教育作用,而各类学科校本课程则更加注重学生的人才专业化发展的特殊素养发展需求。它们共同搭建了学生全面化素养发展的课程支撑,并针对多种可能的发展途径给予学生自由选择的机会,从而满足现实社会与未来社会对人才素养发展的多元化需求。

---

① 柴江.学生学业素养的内涵、属性及其养成路径[J].天津师范大学学报(基础教育版),2022,23(02):59-63.

2.2.2 课程群教学下的社会人才发展

对于高中教育而言,人才培养的策略需要紧跟人才发展的实际路径进行深入思考。学校的课程不应当仅仅为通过某项特定时间内的特定评价机制服务,而是应当为学生未来生存与发展的素养需求负责。而在现实发展中,结合大多数重点高中毕业生的实际发展情况,在高中毕业后直接进入社会从事专业化的生产工作的毕业生比例已然微乎其微。这是科技发展推动下社会生产力发展的必然趋势,同时也离不开我国教育发展的日趋进步。以本书样本校的上海市第六十中学为例,其在上海市 2022 年秋季高考中录取率接近 90%,这还不包括已经在春季高考获得录取,或是已经取得国外学校录取通知书的学子群体。实际上,随着时代的发展,高中学生在毕业后继续接受各类全日制本专科教育已然成为发展的现实路径,这也使得高中教育在实践化教育教学的理念上需要作出新的思考与突破。

事实上,高中学生在接受高中阶段的学习后已经逐渐分化出两类主流的发展渠道:大部分学生会进入高等教育院校进一步接受应用型专业化的教育,并在完成专科、本科或专业型硕士教育的基础上进入社会从事专业化的生产工作;少部分学生继续攻读学术研究型专业,并获得学术性硕士/博士学位,从而从事研究型/研究生产型工作。这两类发展都体现出浓厚的专业化特色,呼应了科技发展对技术性人才的专业需求。因此,高中的课程教学需要考量学生在未来的专业发展渠道上的适应和发展。

高等教育院校的育人策略是培养出社会需要的人才。由于社会的职业分工差异,高等教育院校的人才培养往往依据分工岗位的差异设置不同的人才培养专业。学生通过全国高等院校录取选拔考试进入高等教育院校后,通常受到明确的专业性课程培养,并在修完全部课程后获得特定专业的高等学历证书。获得证书表明了学生已经具备从事该专业性岗位工作的基础素养,并已经成为社会性的人才或具备了成为社会性人才的资格。因此,高中学生迈入高等教育院校的过程,实质上是朝着社会性的专业人才发展的过程。

进入高等教育院校进一步接受专业化的教育要求学生具备必需的专业化知识以及相应的专业思维与情感。这些知识基础与思维、情感往往具有浓厚的专业特征,并且随专业的不同有着较大的内容差异。例如,学习物理学专业的学生往往需要有着较好的数理知识基础,这些知识往往来源于中小学期间的数理化学科知识内容。此外,严谨的逻辑推理能力、精细的数学运算思维、科学的探究精神等素养,也能够对学生学习物理专业产生直接的正向影响作用。又如,学习社会学专业的学生往往需要有足够的社会知识储备,这些知识储备包括但不限于高中历史学、政治学等学科的教学内容,还包括社会进步、辩证、发展的社会化思维与爱国、正直、友善的专业品德。对于高中教育而言,如何使得学生具备这样的知识基础与思维、情感,才是设立人才发展的课程建设目标,也是课程群教学设置的育人理念的关键所在。

常规的国家学科课程在中学教学的落实当中,往往能够提供给学生完备的进入高等教育院校学习相应专业的知识基础,然而在相应的学科思维与情感上的培养上却存在一定的欠缺。这样的欠缺来源于学校自身教育资源的限制,并受到一系列社会考评制度与人才选拔机制的影响。例如,掌握基本的实验操作基本技能,具备科学实验、安全实验的意识,是从事理工科专业学习的基础,也是高中物理、化学、生物等课程的重要教学目标之一。然而,在很多中西部地区的普通高中,由于资源条件的限制,学校可能并不具备开展实验课程的基础条件;但更多的是由于高考等考评制度仅以笔试的方式考核和选拔人才,无论是学校层面还是教师主导下的课程教学,都自然而然地轻视了实验教学,并将更多时间放在了对学生笔试解题能力的培养上。这样的教育策略无疑是违背国家课程教育的育人初衷的。而"1＋X"课程群则给了学生通过校本课程发展学科思维、情感与技能的机会。以上海市第六十中学"1＋X"课程群中的物理学科校本课程为例,培养学生物理学科思维以及发展学生物理实验操作的基本能力成为校本课程主导的两大重要目标方向。这些内容往往是传统的物理学科课堂教学中难以对学生进行专门化培养的模块,但对于学生在进入高等教育阶段后学习物理及相关专业有着十分重要的影响价值,并对学生的未来社会发展有着举足轻重的影响。[①]

对于少部分从事研究工作的学生而言,更加理论和系统化的学科基础习得,将成为其未来学习、生产、创新的基石。而在高中课堂教学中提供更加深度化、专业化的学科课程,则成为培养未来高水平人才的重要手段。这样的课程培养对于高中教育而言存在两类方式的发展方向:一是建设更加专业化的学科教学课程体系,满足学生对某一、某些学科深入学习的需求,提升学生的学科专业学习兴趣。例如,在"1+X"课程群的校本课程中设置更加专业化的学科课程延伸内容,上海市第六十中学物理学科校本课程的"高中物理力电综合思维拓展及综合应用"便是这类课程的典型代表。这样的课程极大拓展了高中物理学科课程内容的深度和广度,在物理学科教材的基础上略微增加了学习的难度,也实现了思维拓展与应用能力培养的有效结合。这一类课程确实能够提升学习能力,使得学生在未来的物理、工程类专业学习上更具竞争力,从而发挥出长效作用。二是建设更加多元化的学科教学课程选择,满足学生对跨学科学习的切实需要,提升学生复合型人才发展的初阶意识。例如,在"1+X"课程群的校本课程建设中增加更多的 STEAM 类课程以便提升学生的综合素质,从而帮助学生应对未来跨学科学习、研究的实际需要。

因此,以课程群形式开展的教学为社会人才发展提供了素养更加全面、能力更加专业化的课程学习机遇。通过以"1"为代表的全学科国家课程学习,学生能够具备适应社会生存和发展的基础知识与素养,而通过选择不同的"X"校本课程进行学习,则能够补足性地获得更具深度化与专业化的学科教育发展机会。这些课程并不简单地拘泥于对学科基础知识的传授,而是以培养学科素养的方式拓宽学生的学科视野与思维,发展学生的学科技能与方法,树立学生科学、爱国且充满情怀的情感与品德。

---

① 谢幼如,尹睿,谢虎. 精品课程群支持的专业综合改革与实践[J]. 中国电化教育,2013(08):1-7.

2.3 学科"1＋X"课程群建设的内容与方法

在前两节的内容中我们系统地阐述了以上海市第六十中学为代表的学科"1＋X"课程群建设的课程目标以及课程规划逻辑，以及建设学科"1＋X"课程在成才教育理念下的育人作用与价值。对于现实的高中而言，这样的校本课程建设思路与逻辑无疑是新颖且具备多元育人成效的。然而，如何依据实际的学校办学资源、师资水平等现有条件，进行学科"1＋X"课程群的实际建设与开发，仍然是学校需要重点关注和思考的问题。

校本课程的建设开发强调"以校为本"的策略。在现有的国家课程改革主题精神中，以高中为代表的一系列中初等教育学校应当将素养教育和立德树人的教学目标在具体的课程建设中予以回应。在前文中我们描述过学校在校本课程开发中存在的两种主流思路：一是学校对课程的全新开发，课程完全不同于地方课程与国家课程的主题与内容；二是对国家课程的校本化实施。学科"1＋X"课程群的开发重点在于对以"X"为代表的校本课程的建设，在"X"校本课程的建设中，体现出校本课程开发两种主流思路的融合趋势。"X"校本课程的学科来源于国家学科课程的主题，因此这些校本课程可以被视为国家课程校本化实施的产物。然而根据学生学习需求的差异，"X"学科校本课程同样可以围绕学科背景开发全新的课程内容。[①] 其中，具体建设出怎样的"X"课程，是每一位中学领导者与课程建设负责组所最为关心的实际内容。综合来看，在确定了课程群的育人价值后，"1＋X"课程群的具体建设仍然受到学校领导层面、教师层面、学生层面以及物质文化资源层面与社会政策层面五类因素的影响。由于社会政策层面的影响往往是宏观性的——它更多影响的是学校能否建设校本课程而非如何建设校本课程，我们在本章节中仅仅讨论前四个层面对课程开

---

① 郑志生，邬志辉.校本课程开发的复杂性审视及策略[J].课程·教材·教法，2018，38(08)：50－55.

发与发展的影响,从而延伸出对学科"1+X"课程群建设的内容与方法的讨论。此外,我们同样要考虑如何科学设置学生学习校本课程时进阶发展的问题。如何从教学内容与教学主题的双维视角实现课程教学的进阶性,同样是"X"校本课程建设发展的重要方向。[①]

2.3.1 如何从"1"到"X"——延伸课程的开发

1) 学校领导层面

学校领导层面对以"X"学科校本课程为代表的延伸课程开发有着主导性的建设影响。如果说"1+X"课程群建设的目标在于实现成才教育,培养学生全面发展的人才素养,那么学校领导层面则是学校在课程建设中是否贯彻这一目标、如何贯彻这一目标、付出多少资源与精力贯彻这一目标的内容核心。作为学校主导建设的课程,校本课程的建设能够将学校领导层面的教育理念进行全面落实。校长应当对延伸课程的内涵进行深刻的思考与探究,并制订"X"学科校本课程具体建设的延伸方向思路。[②]

虽然秉承着成才教育这一理念核心不动摇,但具体校本课程的延伸方向还是有着不同的主题与内容偏向选择。在学校统筹规划的背景下,校本课程实施怎样的教学主题和内容,其根本仍然是学校领导层教育理念的课程落地。例如,当学校领导层从学校的教学现状与学生的整体学习水平出发,认为学校在人才培养中应当重视学生的艺体类课程教学,以期鼓励更多的学生在高考时选择报考艺体类专业并在未来从事相关工作与职业时,学校也将重视相关人才培养的机制渠道,并落实在对艺体类国家课程的重视以及艺体类校本课程的建设工作中。因此,树立科学、实效、高瞻远瞩的学校领导层教育价值观,对于学校延伸校本课程开发具有重要的指导意

---

① 吴刚平,陈华,徐晨盈,等.校本课程开发20年[J].全球教育展望,2021,50(12):3-18.
② 和学新,董树梅.学校课程决策:现状、问题与改进——基于中小学校长的调查[J].课程·教材·教法,2014,34(04):29-36.

义。对于"1＋X"课程群建设而言,学校领导层的教育理念同样凸显出较强的引领功效。这样的功效在上海市第六十中学的"X"学科校本课程中同样得到了体现,具体表现在对学科视野扩充以及学科实践能力培养的课程内容设置差异上。对于以语数外三门课程为代表的传统高考科目中的"大科目",校本课程的内容更多的是展示给学生一种学习视角上的扩充空间,以此综合化发展学生的学科视野,进而实现学科素养发展的目的。其根本原因在于相比于其他课程,语数外课程对于学生而言是经历了更长时间的学科学习背景并掌握了基本学科方法的存在,因此不必太过强调对学科基本技能的掌握。而在物理、化学、生物、政治、技术等课程中,"X"学科校本课程的实践导向则明显加重——这样的特征更多的来源于学校领导层对这些学科教学的理念支撑,即在有限的教学资源与学习年限内尽可能地发展学生的学科实践技能,从而提升学生面向专业发展和社会职业岗位任职的基本技能。

2) 教师层面

教师层面对以"X"学科校本课程为代表的延伸课程开发有着实效性的落实影响。教师是课程能否成功落地的重要影响因素,他们负责建设课程的具体教学实施环节。教师既是校本课程的建设者,也是课程的执行者。因此他们在延伸课程的开发中同样具有重要的影响地位。与学校领导层不同,教师层面在延伸课程的开发中更加注重课程的教学可执行性以及课程的实践意义。图2.1为上海市第六十中学教师层面历史延伸课程研发讨论会。

在"X"校本延伸课程的建设中,教师对于课程的具体建设往往是在学校领导层的教育理念指挥下进行的。而他们对校本课程的建设主要分为群体建设与个体创新推广两种主流形式。群体建设强调教师队伍根据学校领导层对于校本课程建设的理念要求,以年级组、学科组的形式搭建具体的校本课程主题与内容。这些课程的主题与内容往往既能够体现出学校育人目标,又能够立足于教师队伍整体的教学能力水平。通常来说,以

图 2.1 教师层面的历史"X"延伸课程研发

群体建设生成的"X"校本课程往往具有较强的活力和稳定性。上海市第六十中学在校本课程的开发中就非常注重以教师群体建设的形式开发"X"学科校本课程,并取得了良好成效。这样的举措以及相应的成效我们将在后文进行详细描述。个体创新推广的模式则是以单个教师自主开发出的校本延伸课程为代表,并向全校范围内逐渐推广,最终形成学校具有代表性的校本延伸课程。这一类校本延伸课程通常出自学校较有代表性的高级教师、"明星"教师的设计。他们是学校基层教研工作的核心力量,通常有着较高的教育理论素养与教学实践能力,创建出的校本课程通常也能够对学生起到实质性的素养提升作用。但这一类课程的缺点往往在于课程的普及性较低,同类课程往往需要教师具备较高水平的教学能力支撑,方可在实际的课堂教学中予以充分实施与呈现。并且不同教师对于这一类课程的影响往往是存在差异的,这样的差异不仅仅源于教师教学技能的差别,更多体现在课程实施时教师育人理念与教育思想上的差异。

3) 学生层面

学生层面是课程建设的主要影响因素之一。虽然学生并非校本课程的执行者,但他们是校本课程的终端服务者。校本课程的建设必须满足学生当下以及课程持续教学期间不断发展的学习需求与学习能力的实际水平及其变化。"1＋X"校本课程群是基于学生本位理念的学校课程建设方法,它更多地体现在学生未来发展的学习目标中,并以此来思考学生当下的学习需求。因此,无论延伸课程以怎样的内容主题出现,只要它紧紧围绕课程的育人目标来开发和建设,那么课程内容必然是基于学生学习需求理念的。因此,"X"课程的建设主题与内容需要教师更多地考虑学生现实的学习水平。例如,当学生在学科国家课程学习方面整体基础较弱、学校教学评测结果长期欠佳时,相应的"X"学科校本课程就需要更多延伸至对学科基础内容及其他低水平的知识与技能教学中。而当学生整体学习水平较高,在国家课程上展现出较强的学有余力的特征时,学校就应当适当地提升延伸课程的整体难度,并注重学生学科思维的发展而非知识与技能的积累。对学生而言,"X"课程的存在应当是为以"1"为代表的国家课程学习服务的,但也同样是在国家课程的基础上能够给予进一步发展空间的学习产物。

4) 物质文化资源层面

物质文化资源层面是指学校能够用于延伸学科校本课程开发的物资与文化资源。资源是课程建设的核心支撑点,如果说以学校领导、教师、学生组成的教育资源更多来源于人力资源的视角,那么物质与文化资源则更多体现在有形的物质层面与无形的精神文化层面上。

物质资源是"X"学科校本课程建设的基石,它能够支撑校本课程的具体内容实施,并允许教学形式发生变化。例如,在物理、化学、生物等学科的"X"校本课程建设中,实验类课程在培养学生实践能力的同时也对课程建设的物质资源提出了要求,学校必须具备开设此类课程的物质条件(实验仪器、实验材料等)方可实现课程的具体建设。又如,当涉及以项目式教学、混合教学、数字化教学等形式开展的,与常规讲授制教学法存在较大区别的校本课程建设时,物质资源的支撑同样具有重要的影响意义。这些物质资源往往决定了这些对学生学科素养发展具有重要价值的教学形式能否在特定的学校中予以实施。例如部分混合教学的学科延伸课程要求学校给予课堂中的每一位学生配备相应的数字化设备,这样的物质资源投入对于不同的学校而言也可能存在不同的负担差异。

文化资源对于课程建设的影响更多地来源于精神层面,并具体表现在教学主题与内容的影响上。这样的影响不仅仅存在于国家课程以及常规校本课程的建设中,在"X"学科校本课程的延伸建设中同样有着很大的影响价值。这样的逻辑来源于"1+X"课程群教学的育才理念影响——课程的目标在于培养人才,而人才的意义与价值则是社会文化给个体贴上的标签。例如在三百年前,写得一手好的诗词文章便是社会文化对人才的衡量标准,但这一标准随着三百年后社会文化的变迁则不再适用。地方与民族的文化资源往往对"X"学科校本课程的开发有着特殊价值。例如在上海市第六十中学的艺术与体育学科音乐鉴赏"X"校本课程中,对上海地方音乐的赏析成为课堂教学的重要内容模块之一。这样的设置让学生对音乐课程的学习有了来自地区文化熏陶的加持,起到了对学生价值观与道德水平发展的引导作用。

2.3.2 从基础到进阶——"X"课程的发展逻辑

"1+X"课程群中"X"学科校本课程的进阶发展性是不同于传统校本课程的特点之一。不同于传统学校校本课程建设中固定的内容建设,学生在"X"学科校本课程中的学习主题和内容同样存在着进阶性。对于制定的每一个"X"学科课程,都存在初阶课程、中阶课程和高阶课程三种类型。学生可以依次按照顺序学习这三类课程,并在长期的三阶段课程的学习及其衔接过程中获得成长。对于课程建设而言,如何合理地划分初阶、中阶和高阶课程是非常重要的问题——这些课程的阶段差异并非简单地来源于教学内容的不同,而是深层次地体现在课程目标、内容深度、教学视野等多维度的课程教学差异中。

1）初阶课程

初阶课程的建设目标主要定位于开拓学生的学科视野；教授学生课程主题下的基本知识与技能；激发学生的学习兴趣；引导学生体会课程内容所传递的思想和感受。在每一个固定主题的整个"X"学科校本课程中，初阶课程的内容建设都应当在考虑学生基础学习的情况下，尽量调低学习难度、增加学习内容掌握的接受度。在教学形式和方法上应当更多增加教学互动性，强调学生的学习体验。单纯的讲授制教学不再适合"X"学科课程的教学模式，尤其对于初阶课程而言更为如此。有效设置和使用翻转课堂、项目式教学等形式对初阶课程建设有着重要意义。

2）中阶课程

中阶课程是学生在初阶课程阶段的目标已经获得实现后，方可接受的进阶性课程学习。中阶课程的建设目标是逐渐培养学生多元化的学科视野观念；要求学生掌握课程主题下的主要知识与技能；培养学生健康的学习观念与探究精神；使得学生逐渐理解课程内容下的学科思维与学科品德。相比于初阶课程的入门性质，中阶课程在教学内容建设上有着标准化、专业化和深度化的发展特征，并试图通过这样的教学内容促进课程育人的深度发展和专业进程。中阶课程在教学形式与方法上同样有着多样化的特征，但与初阶课程不同的是，学生被要求在课程教学中具有更多的主动性并注重增强操作能力，而教师则逐渐从课程教学主导的角色中退让，真正成为课堂教学的引导者。

3）高阶课程

高阶课程是学生在初阶课程与中阶课程的课程目标均已实现后，能够接受的终端课程学习。在这一阶段中，教学目标往往与该门"X"学科延伸课程的主题教学目标一致。这些目标主要集中在建立学生全面的学科思维；要求学生掌握课程主题下的高阶知识与技能；锻造学生完整的学习价值理念与科学、人文精神；树立学生社会化的学科观、世界观，并具备相应的品德。相比于初阶和中阶课程，高阶课程正式标志着学生迈入了"X"学科校本课程的专业化发展领域。因此其课程的教学内容往往是全面、标准、专业化的，并更多注重对学生知识结构的形成、自主学习能力的培养以及学习思维的建立。高阶课程的教学形式往往是生成性的，教师和学生在课堂中的地位不再是传统的"教师教、学生学"的讲授模式，而逐渐形成完成、解决一个特定问题、学习目标或学习任务的互相协作的关系。

3 学科"1+X"课程群建设的实践

在传统的高中学科教学中,由于教师水平参差不齐、教学形式容易古板僵化、学科教学与人才选拔考评过度联系等因素的影响,容易出现过度重视学科知识的习得与学科认知的反复训练,从而忽视了学科思维、学科情感以及学科价值观等等一系列学科素养的发展,并容易迈向与国家课程教学的育人目标相悖的教学发展道路中去。学科"1+X"课程群的存在使得高中学科教育在严格贯彻落实国家课程教学任务以及满足学生通过高等教育人才选拔考试需求的前提下,实现了学科素养教育探索和发展的课程建设实践。学科"1+X"课程群能够拓宽学科学习的传统思路,强化原本被学科知识场域禁锢的课程教学的多元化功能,塑造社会化与现实情境导向的课程实施背景,让学科学习真正落实到成才教育中。

基于学科"1+X"课程群的重要意义,推广学科"1+X"课程群对于中小学课程建设显然具备有益的影响价值。尤其对于高中学校而言,学科"1+X"课程群建设的思路能够给其校本课程建设提供一个突破传统校本课程搭建思路的新的角度和视野。因此,接下来,我们将以上海市第六十中学在学科"1+X"课程群建设中的实践探索为基础,对学科"1+X"课程群的开发、实施步骤以及教学过程详细地进行介绍和讨论。

3.1 学科"1+X"课程群的开发

3.1.1 课程群开发的理念生成

1)"成才教育"办学思想与社会对人才的全面要求

作为社会教育的重要场所,学校的发展理念往往在不断的育人实践探索与社会教育改革实践中成型并不断发展变革。而学校的办学思想则成为支撑学校发展理念的重要支柱。近三十年的改革实践中,上海市第六十中学在摸索中逐渐形成了"成才教育"的学校办学思想。其核心理念在于学校逐渐意识到以升学为目标的高中教育越来越难以保证学生在未来社会的生存与职业发展中的长效竞争力。这种具有强烈社会责任感的教育观念对20世纪90年代初期的高中办学来说是具有先进的时代意义的。在当时,社会的主流教育观点仍然将学生的成才培养更多地落实在大学的办学思想当中;而高中的办学目标更多地体现在促使更多学生获得进入大学学习的机会,而非对每一位学生的社会化发展进行考量。

从20世纪90年代初到本世纪初,再进入新时代,从"不求人人升学、但求人人成才"到"一切为了学生成才",再到"造就多元人才,和谐全面发展",上海市第六十中学的"成才教育"办学思想以时代和社会发展为轴心,以学生成长和发展为核心,其内涵和外延上有着无限拓展的时空。虽然学校"成才教育"办学思想在三十余年的时代风雨中从未动摇,但具体的人才培养策略和手段则在不断被学校改良革新,其形式与内容也经历了不断的变化。究其原因,除了学校在"成才教育"办学理念的实践落地中不断尝试和摸索,加深了对"成才教育"的理解与认识,以及相关培养经验的不断积累外,伴随着改革开放以及科技飞速发展的国际化、数字化时代对人才的要求变革同样成为促进学校相应培养策略不断发展的重要因素。

发展"成才教育"理念,探索"成才教育"课程育人模式,对于上海市第六十中学而言,缘起于学校在20世纪90年代初期在人才培养中遇到的现实问题。自1985年上海市教育局确定上海市第六十中学实施初高中脱钩改革,初中部并入青云中学后,上海市第六十中学成为独立的高级中学,也将课程教学的重心专注于高中生培养的现实探索中。1987年3月上海市教育局正式确定上海市第六十中学为区重点中学。学校坚持以学生发展为本,大力推进以加强学生基础性学力,培养学生发展性和创造性学力的素质教育,形成了符合时代特征,具有第六十中学特点的"不求人人升学,但求人人成才"的"成才教育"教育思想和办学特色。提出这样的教育思想与办学特色的背后是高等院校录取人数与高中生人数间的现实差异决定的。在当时的诸多高中仍然执着于教导学生如何在高考中取得高分,并被高等院校录取的办学思路时,一个残酷的现实出现在每一个高中的现实人才发展走向中。即一部分学生在高考中并不能取得被高等教育院校录取的分数,因而需要在高中毕业后直接迈向社会工作岗位。然而,在高中乃至先前阶段的课程学习往往更多集中于学科知识与相应解题技巧的教学,导致学生难以在短时间内适应社会工作岗位,最终出现了大学没考上,工作难解决的现实发展问题。如何将学校的办学理念从功利性地培养能够考取高等院校的少部分群体学生,转变成推进统筹兼顾,不放弃每一位学子的教育发展之路并培养其社会化技能,成为上海市第六十中学在办学发展中遇到的现实难题。为了培养每一位学生足够的社会竞争力,上海市第六十中学逐渐推出了"不求人人升学,但求人人成才"的"成才教育"教育思想和办学特色。

2) 成才教育下中学课程改革的初期探索

基于这样的教育思想和办学特色,上海市第六十中学在20世纪90年代初期在学校课程建设中逐步纳入促进学生成才发展的教育内容。以社会实践技能发展为内容的课程逐渐被纳入学校的正式课程体系中,学生能够根据自身的发展规划与学习需求,学习相应的技能型课程。与职业型学校的技能型课程不同的是,在上海市第六十中学的课程中,这些技能与国家学科课程往往具有更密切的内容联系、有着更高水平的知识基础门槛，并与当时的社会生产需求有着直接对应关系。这样的课程使得毕业生即使未能被高等教育院校录取，也能够被社会用人单位接受和吸纳，并使得学生能够快速地适应，投入到社会生产劳动中去。令人惊喜的是，这样的课程改革同样对被高等教育院校录取的学生有着促进专业发展的影响——对于在高等教育院校学习应用型专业的学生而言，他们在大学期间也展现出了良好的学习适应性以及实践技能发展水平，并在毕业后展现出更好的专业能力。

然而，进入21世纪以后，以技能型课程为主题的课程育人改革策略逐渐在时代发展的人才需求中暴露出诸多问题。其核心问题在于以单一技能为本位发展视角的课程教学策略，与飞速发展的社会人才素养产生了教育价值的错位。这样的价值错位主要体现在三个维度：一是时代的发展使得固定的技能无法在社会岗位中保持长久的竞争力，而单一技能的竞争力周期正逐年缩减。二是技能型的课程与学生不断学习和发展的需求产生了割裂。事实上，随着教育资源的丰富，进入21世纪以来高中生在毕业以后直接从事社会工作岗位的比例越来越低，越来越多的学生能够在高中毕业后接受全日制的高等教育。而数字化的发展使得各类非全日制乃至非正式学习在年轻人的生活中也扮演着越来越重要的角色。而在高中阶段过早地接受高度专业化的技能训练，容易使学生在后期的教育过程中缺乏来源于学科课程所提供的知识基础，从而影响其更高水平的专业发展。例如，以会计专业为例，传统的账目核算类工作往往仅需要学生掌握基本的数学运算知识，这些知识主要包含了学生在小学与初中阶段数学课程中所教授的学科知识，而是否接受高中数学课程对这一类工作的影响并不大。然而，随着会计职业职能的变化，类似于财务管理、投资理财等内容则需要有更高水平的数学知识来支撑，这些知识则是高中阶段数学课程的重点教学内容，因此学生需要在这样的国家课程中投入更多的精力方可获得更高水平与维度的职业发展。三是社会对人才的发展潜能提出了更高的要求，其根本原因在于时代的发展使得特定职业不再具有稳定性，无论是职业的技术、内容、思想甚至是职业本身都会随着时代的发展而变化更替,这也使得从业者必须具备相应的发展潜能。这种发展潜能是人才素养的重要组成部分,它与单纯的技术没有太多联系。这样的错位特征在近十年来的数字化时代显得格外突出。因此,如何从高中课程教学的角度塑造学生的发展潜能,逐渐成为高中课程改革的重要思路。①

在这样的现实背景下,建构式的课程教学理念逐渐被上海市第六十中学所关注,并具体落实到对国家课程的改造中。回归学科课程、重视素养发展的课程改革思路取代了上海市第六十中学原有的"学科国家课程+技能型校本课程"的教学模式。相比于对专业技能的发展,学校更加重视通过深度学习的教学方法促进学生的自主学习能力与探究能力,从而实现以学生素养为本位的教学目标。在这样的背景下,以"三问"教学法为代表的一系列富有特色的教学模式的推广成为学校促进课程改革的主要策略之一。相比于对课程形式与内容的创新,对国家学科课程的深度加工被上海市第六十中学认为更能够符合学生长远发展的素养发展需求。与传统刻板的讲授制教学不同,"三问"教学法强调教师重视学生的学情分析与教学目标确定,由此制定合适的教学内容与策略方法,并建立指向教学效果的一系列评价反馈制度。"三问"教学法更加注重学生的认知水平,并提倡以情景式、探究式、项目式的教学策略塑造新的课堂学习环境,将学生从课堂学习的接受者变成实现教学目标的参与主体,并注重教师的引导作用。②

对国家课程的改造确实给学生的素养发展带来了极大的提升,并从真正意义上实现了从固有的知识传递上升到能力发展的课程教学突破。然而,这样的课程改造并没有突破传统课堂教学中的知识范围限制,也并不能被视为独立的校本课程并在学习范围内予以学生更多的学习机会选择。如何建立有助于学生素养发展的校本课程,成为上海市第六十中学课程改革发展的重要突破口。其中,在学科国家课程的教学内容上进行改革并进行课程重塑的思路和想法,逐渐被学校的领导班子所认可。

① 崔允漷.学校课程发展"中国模式"的建构与实践[J].全球教育展望,2019,48(10):73-84.
② 王晓虹."三问"教学法:深度学习的聚焦[M].上海:华东师范大学出版社,2020:15-18.

3.1.2 "X"学科校本课程群的开发思路与落实

1)"X"学科校本课程的开发思路与落实

学科国家课程中,以素养教育为本的教学理念正被国家、各省份的教育部门以及各中小学校、教师所认可与接纳。而学科课程则是素养教育的现实载体,承载着以课程教学的形式助力学生发展的主流形式。其中,学科国家课程扮演着重要的主体角色。然而,正如我们在前文中所阐述的,国家学科课程在具体的学科素养教育落实中受到各方面的影响,可能存在着一定的内容与维度的侧重,这导致课程在正式实施中对学生素养的发展产生了内容与维度上的不均衡现象,进而偏离了学科国家课程的育人素养目标要求。这样的问题被上海市第六十中学的领导班子与教研团队所逐渐认识。因此,基于学科国家课程的教学内容基础,开发相应的学科校本课程的思路逐渐萌芽。

在这样的背景下,2015年,依据"成才教育"思想和办学理念,学校提出了"构建'全景式课程',为每一个学生成才提供丰富多样的学习图景"的课程理念。学校对"全景式课程"进行了概念初探,并试图通过开发多个"X"学科校本课程并与国家学科课程进行融合的举措,对"全景式课程"的理念进行具体落实。在落实的过程中,"X"学科校本课程的主题与学科国家课程存在着既相互独立、又协同促进的关系,并要求与常规课程中容易被教师忽略使得学生未能得到全面发展的学科素养内容予以对应。例如,针对部分教师在执行语文学科国家课程教学中容易产生的重文字撰写轻口语表达的教学倾向,相应的语文学科校本课程则以"从容表达"为扩展主题,以诗词朗诵、主题演讲、辩论采访为具体内容展开教学,从而实质性地提升了学生的语文表达能力,创建了多元的校本课程,有效促进了学生学科素养的全面发展。

2)从学科校本课程到学科课程群

素养是无形的,但素养教育往往以具体的课程内容作为载体。而具体的学科课程则能够从不同的维度提升学生的素养,这样的素养提升既具有学科特质,也存在不同学科间相互联系产生的素养发展融合。例如,数学思维是数学素养的重要内容之一,它使学生通过系统化的数学课程学习获得思维上的发展;而同样的,计算思维也作为技术类课程所强调的学科素养的一部分,在学生的课程学习与生存以及未来发展中扮演着重要角色。大量的研究显示,两种思维虽然相互独立,但仍然存在诸多相同点。例如,两者都强调建立模型解决实际问题的思维方式。因此,系统的学科课程教育不仅需要注重培养学生独立的学科素养,也需要关注学生对不同学科素养的比较、联立与融合过程。

课程的学科属性是人为干预的结果,高度分化的学科属性使得学生在学习过程中往往难以脱离学科界限,从而导致素养全面发展存在严重的学科壁垒。这样的学科壁垒更可能是导致学生在未来发展中难以适应社会变化的元凶,其根本矛盾在于未来社会的高速发展将越来越重视跨学科的思维模式,以面对随时可能产生的突发状况与各类现实的职业变革。这样的突发状况与职业变革在进入21世纪后出现的频率日渐高企。例如,传统的数学教师职业仅仅需要从业者具备基本的学科素养与教学素养即可胜任工作岗位,而多媒体技术、人工智能技术等内容的教育渗入正不断扩充教师职业中学科素养与教学素养的内容范畴。这些内容范畴已经不再局限于数学学科与教育学学科,而是涉及技术、心理学、管理学等多个领域。在这样的背景下,国家对于中学课程的教学也愈发重视学科融合的作用与价值,并将跨学科的元素逐渐纳入相应学科课程标准的范围之内,以期打破这样的学科壁垒。

同样在现实的"X"学科校本课程的建设中,这样的学科壁垒差异也开始被学校领导与教研团队所注意。以独立的学科校本课程为基础的校本课程建设格局显然不是学校所期望的。因此,上海市第六十中学试图联立所有的"X"学科校本课程,并结合学科国家课程,建立"1＋X"学科校本课程的整体课程体系,并在此基础上开展具体的教学探索。

3.2 学科"1+X"课程群的实施步骤

3.2.1 学科课程主题的迭代确定

1) 师资基础下的初阶课程主题

在最初的"X"学科校本课程开发中,课程的教学内容并没有得到统一和确定,课程的主题更多是依据现有师资队伍的实际教学水平而设置的,并且过于主观化。在最初的设计中,学校采取了多元化学科校本课程协同发展的课程建设思路(见图 3.1)。即学校的各学科教研团队首先根据当时的课程标准,对各个学科应当培养的学科素养予以初步确定,并根据学校师资团队的实际教学水平,形成学科"1+X"课程群的初阶学科课程主题并予以落实。此外,"X"课程群的主题建设继承了学校课程建设一直以来对"成才教育"理念的实践化思想。因此,课程主题要求符合时代发展下的成才发展属性,体现出浓郁的实用主义色彩。

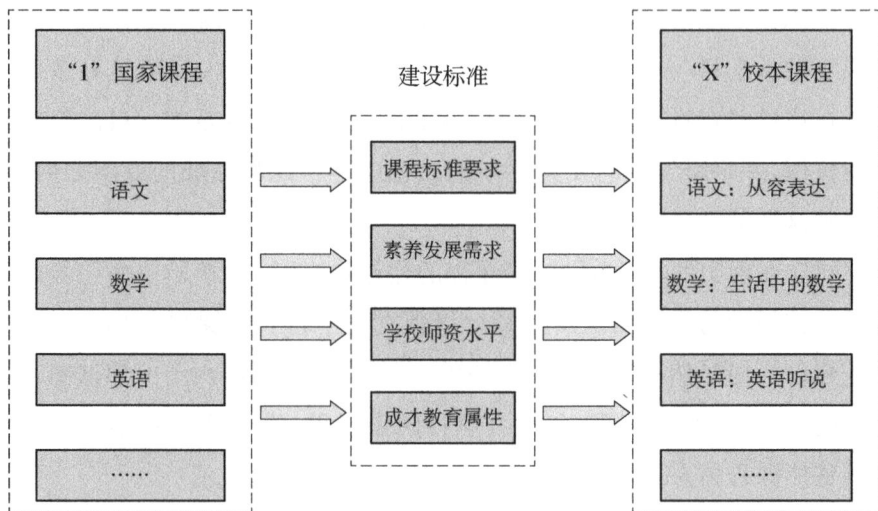

图 3.1 "X"校本课程确定的初阶思路

课程标准要求是制定初阶"X"校本课程主题的首要建设标准。在初阶课程主题建设的过程中,上海市第六十中学以各个学科教研组为核心,对每个学科中课程标准重点提及、而现实的学科国家课程在教学过程中因各类因素未能进行针对性教学的学科学习要求予以了初步梳理。在这些学习要求中,每个学科都暴露出了学校和教师在落实国家学科课程教学时容易忽略的教学内容。这些内容包括但不限于语文学科中的"语言表达""文化积累",数学学科中的"数学文化""数学建模",计算机学科中的"编程学习""数据分析"等。在国家课程中,这些教学内容容易被教师忽视主要存在以下三类原因:一是高考不予以考查、考查难度较低或是考查分值较小。例如,英语学科中的"口语表达"是非常重要的学科学习内容,然而受制于高考模式,考生往往不需要具备良好的口语表达能力也能够在考试中取得好的分数。二是课程难教。例如计算机学科中的"编程学习"是该学科内容中的核心知识点之一,然而在现实的计算机课程教育中,学校和教师对于高中生"编程学习"课程的教授内容往往存在很大的分歧:这些分歧包括应当教授学生怎样的编程语言,应当要求学生掌握何种难度的编程技术,要求学生对编程语法有着怎样的理解深度等。三是课程资源限制。例如各类实验实践课程需要大量的实验器材与实践工作场地予以支撑,但并非所有学校都有条件对课程的实施开展给予支持。在现实的学校教学中,设备短缺、教学资源平台匮乏等问题阻碍了这些教学内容的具体实施和开展。

在课程标准要求下对各个学科容易被忽视的教学实施内容体系梳理的基础上,学校的各个学科教研组进一步讨论了这部分内容是否能够对学生的素养发展予以关键性的支撑,这里的素养发展既包含高中阶段各个学科要求学生具备和掌握的核心素养,也包含一部分课程标准中未能重点提及,但在学科学习与学生未来生存发展中同样具有重要价值的学科核心素养。以数学学科为例,"数学建模"明显属于前者,而"数学文化"则属于后者。对这些内容进行系统化的课程教育,能够保障学生素养的全面发展。

对学校师资水平的考量是"X"校本课程确定的初阶思路建设的第三

项因素。在初阶课程的主题建立中,除了对主题本身价值的认可以及基于学生本位视角等因素外,教师能否承担相应的课程教学,是"X"校本课程实施的关键要素。初阶"X"校本课程在确定课程主题时,更多以学科组为基本单位,以授课教师自身的教学知识积累与教学水平为基础进行考量,以保证主题下的课程是教师不需要经过长期培训,即可胜任的。在具体的制定过程中,课程的主题方向由学校统一——在初阶思路中"实践性素养"被视为首要发展内容。而学校的各个学科组根据自身学科教育中的素养特征,结合教师团队的教学水平,选择教师最熟悉、最有把握任教的学科素养特定内容作为初阶"X"校本课程的具体主题。同样根据学校师资水平确定的还包括课程的具体授课形式与评价制度,如何将教师熟悉、教师掌握、教师擅长的授课形式与评测手段,与学生的学习发展需求进行初步的糅合,成为初阶"X"校本课程建设时的重要环节。

最后,成才教育属性是初阶"X"校本课程建设的基础,也是课程群建设发展与教学实施的核心目标。它确定了课程主题是直接导向学生的成才发展,也保障了课程内容直接挂钩社会人才未来的学习和发展的成才素养需求,从而避免"X"校本课程主题在建设和发展中日趋知识化或娱乐化,即防止课程在具体的教学中逐渐沦为为高考等评价制度服务的工具,抑或发展成泛娱乐化的休闲时光的标杆式基石。[①]

2) 教评结合下的课程主题迭代

课程主题迭代是学科"1＋X"课程群在数年发展过程中的必然经历。教评结合下的课程主题迭代思路,使得原有的课程主题从静态转为动态,并在不断发展中循环着保留、发展以及淘汰的课程主题变化过程。关于本书中所展示的上海市第六十中学现有学科"1＋X"课程群体系,既是学校多年来课程主题迭代下的课程教研成果,也将为新的学科"1＋X"课程群服务的基石。

---

① 罗伟其.遵循规律,建设科学的基础教育课程教材体系[J].教育研究,2013,34(01):26-31.

教学与评价共同驱动下的"X"校本课程主题在反复迭代中形成了具体路径(见图3.2)。原有的"X"初阶校本课程在具体的课程实施评测中,根据评测结果被划分为保留课程与淘汰课程两类。评测为不合格的淘汰课程不再进入下一轮的"X"校本课程主题中,而保留课程则暂时被保留下来并等待迎接学期末的综合测评。同时,为了保持"X"校本课程的活力、给学生的成才发展提供更多选择空间,学校的各个学科组会根据学生的成才素养需求进行新课程的研发,从而实现"X"初阶校本课程的扩充。新增课程同样需要在课程实施环节接受测评,并在学期末与原有的"X"初阶校本课程一起作为课程主体接受期末综合评测,通过期末综合评测的课程则进入下一循环并成为初阶校本课程,而剩余课程则被淘汰。

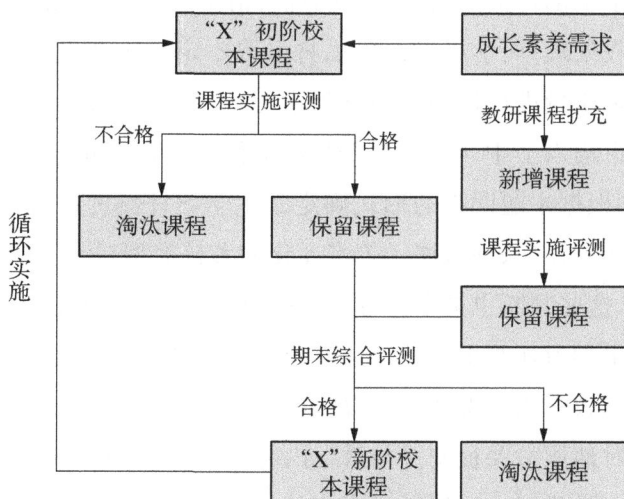

图3.2 教评结合下的"X"校本课程主题迭代路径

驱动这一路径循环发展的主要包括三个过程:课程实施评测、教研课程扩充以及期末综合评测。因此,对这三个过程的深入剖析有利于我们深入理解"X"校本课程主题迭代路径发展的运行机制,也能够助力其他学校在建设"1＋X"课程群模式中保持长期有效的课程驱动力与发展性。

课程实施评测是指课程通过一段时间的教学,由教研团队以及任课教师主导,对课程的施教、学生的课堂表现、学生的成长发展等多元因素进行综合评价,从而实现对课程从主题到质量的一系列考核。课程实施评测是动态的,它开始于课程主题设立的那一刻,结束于课程彻底完课/停课并不再继续授课的时刻。对于每一个循环内的初阶课程与新增课程而言,接受课程实施评测都将伴随着课程的全部环节,并影响着课程的教学实施与发展进程。在上海市第六十中学的"X"校本课程教评迭代中,课程实施评测主要围绕课堂教学评测与学生学习评测两个主要维度展开。课堂教学评测是根据接受课程实施评测的特定"X"校本课程在课堂教学中的表现而展开的。它重点关注在课堂教学中的课程教学质量问题,包括教师的授课质量,师生的互动水平,教学形式是否合理展开等维度。在具体的课堂教学评测中,参与评测的人员包括授课教师、学生以及学科督课组三类人员。授课教师和学生都将根据课堂教学的现实情况进行打分汇总,并由学科督课组进行回收处理;而学科督课组也将采取不定时听课等形式,对校本主题课程的实际质量进行评测。而学生学习评测则主要以定期考核的形式展开。上海市第六十中学的每一类"X"学科校本课程都执行着按月评测的模式,教师根据主题课程的形式确定学生学习评测的形式与内容,采取笔试、面试、实验操作、项目展示等多元化的考核类型对学生的学习情况进行具体判断,这些判断也被学科督课组所收集整理并保持监督。在课堂教学评测与学生学习评测组成的课程实施评测下,"X"学科校本课程在教学实施过程中的教学质量得到了有效保证。一方面,教师和学科组可以通过评测结果适时地调整课程安排与教学内容,以便更好地适应学生的学习需求;另一方面,学科组也可以通过真实的教学情况与学生学习水平,对课程的进一步发展作出包括停课、结课、更换教材、更换教师等具体的干预行为。

教研课程扩充是学科组根据学习成才教育发展的要求,针对学生成才教育的素养发展特征,对"X"校本课程进行课程开发的工作。其目的在于将更多的校本课程纳入"X"校本课程领域。一方面,社会的发展使得人才素养无时无刻不在发生着变化。对于学校而言,如何及时地抓住这一变化趋势并调整具体的育人课程,是实施成才教育持续发展的关键要点;另一方面,课程的评价淘汰机制使得"X"校本课程群需要在不停的循环迭代中得到及时的新课程补充,以保障整个课程体系能够在一定数量的校本课程中得到稳步发展。每一个新的教研课程扩充都倾注了学校学科教研组的大量精力。在上海市第六十中学,这样的工作成为学校各个教研组的常态化工作任务。通常来说,每个学科教研组都将在每一学年根据学生的学习需求对校本课程的主题进行调整或更换,从而发展出新的更适合学生成才发展的校本课程。在确定课程主题后,学科教研组也会对课程的内容、教材进行确定,并对授课老师进行基本的短期培训工作。由此最终实现将新增课程纳入"X"学科校本课程群当中,推动课程迭代循环发展的进程。

最后,期末综合评测是"X"学科校本课程在学期末接受的评测环节。我们将在第 4 章中对保障学科"1＋X"课程群运行的有效评估策略进行具体的方法阐述,以便各个学校及研究者们对学科群的评估机制产生更为全面清晰的理解。

3.2.2　课程群实施的管理

学校领导主导制是"1＋X"课程群实施管理的核心。在前面的章节中,我们阐述了学校领导层的核心意志与理念是如何影响学校的课程建设与发展的。而在本节中,我们需要讨论的是学校在课程群实施中的具体管理举措。这些举措是上海市第六十中学在"1＋X"课程群建设中学校领导层实施的具体策略总结,引导着整个课程群在数年间不断生成实施教学任务并逐渐发展。

学校发展规划下的整体设置是整个"1＋X"课程群管理过程中基于领导层核心意志与理念的具体指导性文件。它指导着学校在一段时间内的发展定位、发展策略、发展重点、发展目标以及相应的保障机制等若干具体内容。通常来说,学校在发展规划期间内的所有教学活动,都将导向学校发展规划文件目标的实现。学校发展规划的制定既受到学校基础的影响,也体现着学校领导层对学校发展的具体期望。对于上海市第六十中学而言,自"十三五"发展规划开始,"1+X"课程便成为学校课程体系建设的主体部分,而相应的课程群实施成效也部分决定着规划的整体目标是否能够顺利实现。一个稳定的课程教学制度需要长效化的规范性文件予以保障,这是该课程教学制度能够长期发展并不断进步的关键要素——它既要来之有源,也需要发展下去。早在学校的"十二五"发展规划乃至更早的课程教育理念中,以成才教育为主导的课程育人体系便一直存在,并作为学校长期发展的重点目标。

在上海市第六十中学最新的发展规划中,学校在学科"1+X"课程群稳定发展的基础上,继续将课程群纳入学校"全景式课程"体系的版图中,并作为主导性的课程实施机制继续推进发展。文件要求优化教学组织管理,深化课堂教学转型,根据学校自身特点,探索个别化教育的资源支持,依据校情创造性地实施国家课程,有效实施学校特色课程;有序推进选课走班,探索适合本校学生实际的最优化方案,以满足不同学生的发展需要。并按照国家"新课程、新教材"的实施要求,编制五育并举的学校"全景式课程"体系。在重德、强智的基础上,大力推进体、美、劳教育,培育学生核心素养,为学生全面而有个性的发展奠定基础。而学科"1+X"课程群则成为实现这一发展目标的实施策略和具体抓手,为每一位学生提供促进学业进步和个性发展的生命成长环境,培养学生面向未来社会的胜任力,使学生全面而有个性地发展,成为人格健全、基础厚实、创新发展的现代公民,最终成为社会主义合格建设者和可靠接班人。

校长领衔制下的课程规划是根据学校规划内容建立的,基础在于学校领导层的具体课程管理模式。学校基于先前课程教学管理的先进经验,以及上海市教委的规章要求,建立了"3·2"学校课程管理架构,并采取了相应的管理机制来确保落实。"3"是指从学校规划到课程落地分三个层级实施,成立校长领衔的学校课程建设委员会,成立由各学科专家引领的课程开发小组,成立以各学科教研组长为首的课程实施小组,分类逐步推进。"2"是指形成两种管理模型,"学校—教研组—师生"和"学校—年级组—师生"。

　　"学校—教研组—师生"模式主要针对着课程建设的工作目标存在,兼具课程实施的管理功能。在具体的课程实施中,学校将对学科"1＋X"课程群实施的主体目标与要求分工给学校教研组,学校教研组将根据具体的工作任务与课程学科特点予以细致的分工,并传递给每一位需要执行教学任务的教师。而在具体的教学实施环节中,教研组既是课程实施的指导者,又是课程质量的评估者。在教师对具体的课程实施存在疑问或困惑时,教研组将组织相关力量协助教师完成教学任务。在具体的执行中,"X"学科校本课程建设配套的教研团队,成为学校推动"X"校本课程发展的重要保障——这样的经验来源于学校教研组对国家课程教学管理的经验。事实上,对于教师而言,实施"X"学科校本课程的教学任务比实施国家学科课程更具有挑战性,因为缺少先前的教学经验作为模板。因此,如何指导任课教师正确、有效地实施"X"学科校本课程的具体教学任务,便成为学校教研组的重要工作任务之一。这样的工作包括在课程实施前的教研组式统筹备课;对常态化课程实施评测,以及对固定化的期末综合评测的结果信息予以处理,并作出进一步的课程实施与建设调整。教研组式统筹备课为每一门特定的"X"学科校本课程的实施制订了完善的课前保障策略,以教研小组式的备课形式对每一位教师授课的具体形式、方法、策略等内容予以干预。教研小组与任课教师是积极的并包关系——教研小组是任课教师的服务者,而任课教师也是该教研小组的重要成员。这样的制度保证了课程教学的高标准实施。而对常态化的课程实施评测以及固定化的期末综合评测的结果信息予以处理,并作出进一步的课程实施与建设调整,则是教研组在课程实施管理中的辅助工作。教研组将把这些有效信息的处理结果反馈给教研小组与任课教师,从而对课程实施起到有效的正向反馈调整效应,助力课堂教学质量的不断发展。

　　"学校—年级组—师生"的管理模式主要针对着课程建设的教学执行存在。相比于对"X"学科校本课程教学质量的要求,"学校—年级组—师生"的管理模式更加侧重于对学科"1＋X"课程群建设的统筹协调规划。正如前文所描述的,以"1"为代表的一系列国家学科课程是学生在高中期间的必修或选修内容,每一位学生都必须完整接受这些课程中的必修课程,并按照国家课程要求选择足够学分的选修课程,方可达到国家规定的高中教育学分标准,并具备高中毕业的资格。而以"X"为代表的学科校本课程则是提供给学生成才发展的选修课程,学生可以根据自身的发展取向与兴趣特长予以选修。这样的机制意味着在学科"1+X"课程群的具体实施中,不同的学生在具体的课程修读中存在着很大的选择性。这样的区别在新高考复杂的选考制度下显得尤为明显。而如何调整学校课程教学的具体流程,在保证学生国家学科课程学习得到支持的情况下,最大可能地科学调配"X"学科校本课程的授课时间、形式以及内容,成为"学校—年级组—师生"的管理模式的主要工作任务。例如,艺体类的"X"学科校本课程更多的被年级组设置在下午的最后一门/两门课程时间中开展教学,其原因在于该类课程往往容易消耗学生过多的精力与体力,不利于后续的讲授制课堂教学的实施。而需要实地调研或交流的课程,会适时地安排在非工作日展开,以免影响工作日期间国家课程的正常教学。

3.3 学科"1+X"课程群的教学要素

教学是检验课程建设成效的重要实践,课程需要通过实际教学来验证其多维的价值特征。例如,对于课程建设者来说,课程能否通过实践教学实施和展开,是判断课程建设合理性的有效标准;而学生通过该类课程能否获得更好的学习成效,则能体现出课程建设的有效性与科学性。同时,教学也能够暴露出课程存在的现实问题与缺陷,促使课程建设者对课程进行合理的调整与规划。[1] 因此,探究教学要素是教育工作者们常用来评价课程建设合理性的最佳策略。在前面的内容中,我们实质上已经探讨了包含教学准备与教学评价的教学要素,但这些要素仅仅是课程群教学要素中

---

① 刘登珲. 校本课程设计方案质量研究——基于全国 2200 份校本课程设计方案的实证分析[J]. 教育发展研究,2016,36(10):78-84.

的一部分。我们需要从更加宏观的视角去分析上海市第六十中学在建设学科"1＋X"课程群时采取的各类教学要素,以便更好地对这一课程建设方法予以认识,这些要素重点包括教学形式的多元化,以及课程教学进阶的具体思路。

3.3.1　多元教学形式下的课程教学

课堂教学是形式多样化的教学活动,教学形式往往对课程教学的成效起决定性的影响作用。而如何科学设置教学形式,对不同主题类型的课程群组建设是巨大的挑战。通常来说,一门课程在整个授课过程中过度依赖一种或两种教学形式是常见的。例如在常规的高中国家课程中,讲授法与练习法往往是绝大多数课程的授课形式,而其他类型的教学方法则并不多见。究其原因,这样的教学方法能够高效地对多人数的班集体进行教学,并能够迅速强化学生的知识积累与解题能力,从而以更快的速度教授给学生更多的学科知识与更佳的学科解题能力,以应对高中毕业时需要面对的高等院校招生考试。

对于由多个不同主题、不同类型组成的课程群而言,教学形式保持多元化是课程群教学积极健康发展的重要指标之一。这样的特征来源于两方面:第一,多元主题与类型的课程在知识结构与学科特征上有着较大差异,这样的差异使得教学形式难以在实践教学过程中进行统一。例如,对于化学学科课程而言,强调演示法、参观法、实验法等偏向于使学生直接感知或以实际训练展开的教学手段,其教学效果明显要强于谈话法、读书指导法等以语言传递为主的传统教学方法。而对于语文学科而言,讲授法和读书指导法往往要占据更高的地位,其原因在于学生需要通过大量的文学积累获取对语文学科知识的理解和感悟,从而实现学科素养的发展;而具有操作性的教学方法则难以针对语文学科中的语言文字、诗词古文等内容的知识教学展开。第二,课程群的建设往往不再拘泥于对学生单一素养的专门化培训,而是侧重于通过多门课程的教学来实现学生的全面发展。这种全面发展的需要与社会日益增长的学习需求,意味着学习者必须通过课堂学习来掌握更高水平的学习能力。而多元化的教学形式在教学过程中,无形中也培养了学生适应各类教学形式的现实能力。例如,项目式教学被视为 21 世纪教育中重要的教学形式之一,项目式教学通过教师引导学生完成特定项目的形式,促进学生在完成项目的过程中获得知识与技能,而学生完成项目的能力本身也是重要的技能之一。因此,课程群的建设者必须意识到多元化的课程形式对课程群全面育人的重要性,从而设置多元化的教学形式来支撑课程群的实践教学发展,推动课程群育人的实际价值。

对于上海市第六十中学的学科"1+X"课程群建设而言,保持多元化的教学形式是推动课程群实践教学、保持课程群发展活力的重要手段。除了常规课程群建设选择多元化的教学形式搭配外,"X"学科校本课程的特殊素养导向下的教学目标,也标志着即使是同一学科主题下的不同课程(包含学科国家课程,以及相应的多门学科校本课程),也不再能够适用于同一套教学形式。

以学科"1+X"课程群中的数学主题课程为例,一门数学国家课程以及相配套的三门学科校本课程分别包含着不同的主题内容。以"教材中的数学文化""数学史""生活中的数学"三个主题开展的"X"学科校本课程在内容上与数学国家课程显然有着较大差异,这样的差异注定带来教学形式上的多元发展。例如,传统的数学国家课程教学中,讲授法、练习法等教学形式在课堂教学中常常占据重要的地位。在现实的高中数学课堂中,偏向于解题能力的功利性培养,其目的在于使学生在各类数学应试中得到更高的分数。当然,作为教育研究者,我们不能轻易地将这样的教学形式一棍子打死,因为在现有的教育体制下,这样的教育形式确实能够使学生谋得更好的高等教育学习机遇与资源,从而在未来的社会竞争发展中获得优势——对于学生个体而言,这样的教学形式具有重要的价值意义,也是其能够在全国绝大多数高级中学的数学国家课程教学中占据主体地位的原因。然而,将这样的教学形式套用在"X"数学校本课程的教学上,显然容易出现教学形式与教学主题内容难以匹配的问题。因此,在讲授"教材中的数学文化""数学史"两类"X"数学学科校本课程时,在讲授法教学中穿插问答法、读书指导法、参观法、讨论法等教学形式,显然比单纯的"讲授法+练习法"更适合学生对无形的数学文化与数学史知识产生更深层次的理解,并在这样的理解中获得精神感悟,从而实现课堂教学的深度实效。而对"生活中的数学","X"数学学科校本课程在主题上显然更加侧重学生如何将数学学科知识和技能与现实生活需求进行联立,那么演示法、实验法、项目式教学法等教学形式显然在教学过程中有着更重要的价值。

学科"1+X"课程群是学生主体制的课程建设成果,学生通过多元化教学形式的培养,适应和掌握多元化的学习策略与技能,这同样也是课程群教学保持多元化教学形式的重要目的。事实上,在推崇终身学习思想的21世纪,无论是进入专业化的学习环境,还是生活中可能随时发生的非正式学习环境,学生在社会生活中的学习环境将愈发普遍且愈发重要。而只适应传统积累教学形式的学生,往往容易陷入僵化的学习模式思维。他们难以在各类强调多元化技能发展,或强调多维复杂环境中掌握学习的方法。这样的特征在各类非正式的学习环境中显得更加突出。例如,对于完成某项特定任务的职场工作任务而言,熟悉项目式教学的学生不仅能够熟练地解决具体的工作任务、实现工作目标的高质量完成,更能够在完成任务的过程中抓住各类资源和机遇实现自我学习。这些优势都体现出实施多元化教学形式的意义与价值。

3.3.2 "X"课程教学的进阶发展

课程的进阶属性是上海市第六十中学在学科"1+X"课程群建设中作出的大胆创新。在现实的课程中,课程内容往往会跟随课程的发展发生相应的变化,通常情况下,由浅入深,由基础到高阶、特殊发展,是特定课程在教学过程中的惯例。例如,化学学科的常规课程中,化学实验课程的教学通常是从实验室的基础设备、安全事项、实验基本流程等基础的操作性知识入手,再由教师演示使学生对特定实验的知识背景、基本操作方法、注意要点等具体的操作技巧有一定的了解,随后以小组操作、教师指导的形式逐渐培养学生的实验操作技能,最后由单个学生对实验进行独立操作。在这一过程中,对没有充足实验课程经验的学生来说,实现独立操作某个特定实验的学习目标,往往需要教师通过一系列有效课时来实现。在这一系列的课程中,特定实验的知识背景与操作技术是课程教学的核心主题。这些课程围绕这一核心主题展开,并经历了由基础到特殊化的教学发展过程。并且,课程教学的核心目标往往需要在知识、技能等内容的教学中不断积累方可达成,而这些知识、技能等内容则是课程先前部分的关键内容。类似于化学实验的独立操作需要学生具备基本的化学实验注意事项知识,以及对实验中涉及的化学仪器的操作技巧掌握,这些都是化学实验课程中所必须包含的先前教学内容体系。

除了课程内容的进阶外,主题的进阶是系统化学科知识更高层次的发展模式。其本质在于通过多个教学主题的变革发展,促使学生通过对不同主题内容的学科知识的学习,实现对不同主题知识的联立性认识,从而获得学科素养发展的突破。这样的特征我们在高中学科的国家教材中得以体现。以语文课程的高中人教版教材为例,作为中国最有代表性的高中语文学科教材,虽然其选修教材多具备固定的教学主题(例如"中国小说鉴赏""语文语言文字应用""语文影视名作赏析"等),但在更为关键的必修教材中,教学主题往往根据章节的差异有所不同。如高一语文必修下册中,第一单元的教学内容以《论语》《孟子》中的经典古文阅读为主,而第二单元和第三单元则分别以"中外戏剧""现代文"为主题展开,第四单元的主题则又转变为"信息时代的语文生活"……这样多元化的教学主题在同一教材体系中的呈现,展示出教材编者对学习者在一段特定的课程内学习不同语文学科知识与文化的目标性。显然,对《论语》《孟子》知识的掌握并不意味着学习者就能在"信息时代的语文生活"内容章节中有着更好的学习基础,但正是这样多元化主题的课程教学主题体系,才建构了语文学科赋予新时代青年博古论今、热爱传统文化、紧跟时代文化潮流的社会素养使命。

在上海市第六十中学建设的学科"1+X"课程群中,特定的"X"校本课程往往是根据不同的内容差异分类而来的。相同的教学内容领域下,学科校本课程被特定地设置出按照教学主题的水平进行分类的课程进阶教学属性。为了使读者更好地理解第六十中学在课程主题进阶中所采取的课程教学建设策略,我们同样以学校学科"1+X"课程群中语文学科校本课程的教学进阶特性为例展开介绍(见表3.1)。

表 3.1　语文学科延伸课程的进阶内容

学科	内容分类	初阶内容	中阶内容	高阶内容
语文	智慧阅读	外国经典短篇小说选读;孔孟今读	中国文学拓展阅读	中西文学作品比较
	从容表达	诗词朗诵	主题演讲	机智辩论;新闻采访与写作
	雅致人文	唐之韵 宋之韵	走近大师	探寻海派文化之邂逅上海;青年文化现象解读

在表3.1中我们可以看到,学校的语文学科校本课程根据内容划分为"智慧阅读""从容表达""雅致人文"三个主题。我们以其中的"从容表达"主题课程的进阶内容为例予以简要分析介绍。

"从容表达"是语文学科中重要的学科素养,受限于传统语文的讲授制教学以及高考唯笔试模式的限制,高中学生的语文学习常出现重写作阅读,轻语言表达的课堂教学倾向。虽然一些课文内容对学生有着"阅读"或"背诵"的学习要求,但这样的要求显然无法充分满足学生在语文表达方面的发展需求。例如,在真实的高中语文课程学习中,学生往往很擅长材料背诵默写类的任务,但在需要表达,尤其是需要自我表达和口语表达的项目上表现得并不乐观。甚至,这样的现象已经成为学生在各类学科中的表现,以及未来发展中的代表性缺陷。例如,在多届的国际PISA测试中,中国学生普遍在表达能力上表现欠佳,这样的不足甚至影响到了学生的数学与科学学科。

作为培养学生表达能力的关键学科课程,语文课程中对学生的表达能力的培养相较于传统的课文阅读背诵模式,应当更侧重于对学生表达技能的培养,以及自我表达水平与意识的提升。当然,这并不意味着传统课程教学中强调阅读与背诵的教学内容是错误的,而是教育者不能让学生的表达能力仅仅停留在这样的基础层面。在这样的背景和思路下,上海市第六十中学的语文学科教研组将教学内容划分为"诗词朗诵""主题演讲""机智辩论""新闻采访与写作"四个部分的课程内容。其中"诗词朗诵"被划分为初阶课程内容,而"主题演讲"则被定义为中阶,"机智辩论"和"新闻采访与写作"则同时被纳入高阶内容体系。

"诗词朗诵"初阶课程旨在通过朗诵,以技能化的形式教授学生进行口语表达的基本技巧。这些技巧包括如何将感情融入表达、如何调试好心态(如在大众面前克服表达的恐惧)、如何在表达时调节语速和韵律等。这些技能能够使学生具备表达的基础能力,也是任何需要通过表达实现的更高阶技能的能力基础。

"主题演讲"是"诗词朗诵"课程的进阶内容。相比于"诗词朗诵","主题演讲"课程的核心在于考查学生在表达过程中是否能够充分理解所需要表达的主题内容,并能够条理清晰地进行有效表达。如果说"诗词朗诵"对学生情感内容的表达是一种趋向于单纯的情绪传递,那么主题演讲则更希望学生实现对表达内容精神和思想的传递。

"机智辩论"和"新闻采访与写作"是表达中的高阶技能。相比于"主题演讲",他们要求表达有明确的交流对象,并希望学生在这种交流中时刻保持思考,以整理对方的表达内容,支撑自身的表达观点。此外,这些课程内容也更加偏向于学生在现实生活中可能遇到的现实情境任务,从而促进学生的表达能力高水平地发展。

对于学生而言,从初阶课程进入相对高阶的课程往往需要两个重要标准。第一是学生完整地接受了初阶课程的全部内容,并掌握了初阶课程的基本知识与技术;第二是相对高阶的课程会根据课程内容设置学习基础考核,只有通过考核的学生才可以进一步接受下一阶段主题课程的学习。这些基本知识与技术的教学,以及相应的考核评价制度,共同支撑学生进入新的课程,也保证了"X"课程教学的进阶发展。正是这样的进阶发展,使得上海市第六十中学的学科"1＋X"课程群在教师具体的教学过程中保持了充沛的持续动力与发展潜能。

4 保障学科"1+X"课程群运行的有效评估

评估是保障各类活动和项目顺利实施和运转的重要手段和方法。合理的评估策略能够助力一项活动体系在保持内容完整的基础上，按照原有的活动目标运转和实施，其评估的结果则能够帮助整个活动体系在运行中不断迭代和完善，从而实现整个活动体系的科学化和人性化。对于课程群建设而言，建设有效的评估策略具有重要的意义与价值。首先，课程群的建设与实施属于教育活动的一种特殊类型，它具备教育活动在人文经验传递与课程育人理念升级上的双重价值属性，其目的在于建设更加规范化、系统化的课程体系，实现上述教育价值属性的最优化。在这样的背景下，课程群在运行时必须遵循人类活动的基础原则和教育工作的基本规律，而"以人为本"的理念则成为其建设的共有目标，也成为相应评估策略的核心准绳。因此，作为一项特有的人文活动，课程群的评估着眼于课程的接受者——"学生"这一特殊对象的人文属性特点，在学生的身份特殊性（年龄、性格、动机等）和学习需求性（学习目标、学习兴趣、生存和发展的学习需要等）的基础上实施具体评估策略[①]。其次，以学科"1+X"课程群为例，作为一项较高学段的复杂教学活动，课程群教学的内容属性同样是其区别于常规教学活动/人文活动的特点。其中，以语文、数学、物理等学科为基础的知识教学成为课程群实施时必须依托的内容属性，这些内容属性根据学科的不同有着不

---

① 王凯，郭蒙蒙.综合课程群：概念辨析、设计模式与案例分析[J].课程·教材·教法，2022，42 (04)：17-23.

同的教学特征与活动特点[①]。例如,在高中学段,数学学科知识学习便有着较高水平的逻辑性和抽象性等特征,这些特征不仅仅对学习者的学习提出了相应的挑战,同时也加大了教学活动组织开展的难度,使得其与常规的经验学习在形式、时长、策略上都有着一定的区别变化。又如,高中英语学科教学往往在要求学生加强语言文化积累的基础上高度强调社会运用性,这样的特征显然使得其教学活动的组织必然与数学学科有着较大的差异。如此一来,具备多样化的活动形式和活动内容便成为课程群教学的重要特点。最后,对于高中而言,课程群的建设往往需要付出长期的努力,并在数届乃至数十届学子的学习生涯中不断发展、在数任校领导班子和一线教师队伍的不断传承中更迭创新,从而使其建设机制逐步完善,其课程内容与教学方法等属性不断完成和满足时代发展带来的教育任务和学生日益变化的学习需求,时刻保持有效性和竞争力,达到课程群素养育人、科学育才教学目标的根本实现。因此,课程群实施必须考虑课程群管理和实施主体的基本情况和特点,从管理者和实施者的角度科学地建设相应的评估机制和评估手段,从而保障课程群有效实施的长效化[②]。毕竟,在高中学校,单独一届学子的学习表现和学习效果并不能代表课程群建设的整体水平,而成熟的课程教学体系及其背后的校领导和教师队伍才是课程群实施质量的稳定保证。

在这样的背景下,由受教育者(学生)、教育内容(学科知识)、教育者(教师)以及教育管理者(校领导和课程管理队伍)四要素组成的评估对象体系,成为学科"1+X"课程群建设和实施过程中评估的重要依据。需要注意的是,这四类评估对象在整个课程群评估体系中的价值是同等重要的,这与常规教学活动中以"受教育者"为核心的教学理念有所差异——这样的差异来源于课程群实施和普通教学活动的本质区别:相较于普通教学活动的短时性、内容主题特定性及人员特定性等特点,课程群的实施往往是以数年乃至数十年为时长单位、包含多年级多门学科多主题的教学内容、以多届学生和

---

① 杨清.五育融合视野下普通高中课程结构优化研究[J].课程・教材・教法,2022,42(05):11-17.
② 杨清.五育并举视野下普通高中课程体系的构建[J].中国教育学刊,2021(06):45-50.

整个不断变动的教学团队为基础的复杂活动。

在本章中,我们针对"1+X"课程群建设评估的内容主要关注两个方面。其一,我们试图厘清学科"1+X"课程群建设评估的具体策略和思路,从而了解学科"1+X"课程群在具体运转过程中的多元路径以及发展脉络。这些内容包括:学校领导层和教学管理层如何从整体上使用评估方法对课程群的建设和实施进行监督和调控;学校课程管理队伍如何通过评估手段掌握课程的实施情况,对课程的科目、内容、教学人员等因素予以宏观调整和即时调控;授课教师如何在教授学科 X 课程中使用科学的评价手段来保证授课质量并实现教学目标;学生如何通过接受评估了解自己的学习状态并作出相应的学习规划,以及学生如何正确对待这一类评估的行为和态度。其二,我们将对本书的样本校上海市第六十中学,在学科"1+X"课程群实施的实际成效进行科学评估,并尝试从这一系列评估中摸索"1+X"课程群在实施过程中展现的突出优势以及现实存在的实际问题。这些内容包括:通过对学校教研组负责人的访谈,了解学校在学科"1+X"课程群评估策略中的具体举措和所遇到的实际教学管理问题;通过对任课教师和学生的访谈和问卷调查,了解学科"1+X"课程群学生评测方面的实际策略与成效;通过对学校教研组负责人和任课教师的访谈,了解"1+X"课程群在教师教学评价管理方面的具体思路和现实挑战。

4.1 学科"1+X"课程群的评估策略

为了解学科"1+X"课程群评估的真实情况,笔者及其研究团队围绕样本学校上海市第六十中学师生展开了一系列的实证调查工作。为了保证实证研究的客观公正,研究的原始数据采集工作由两名校外研究者负责。两位研究者均为教育学研究生学历,具备基本的教育学学科研究素养,能够胜任基本的教育学实证研究数据采集工作。

在本节研究中,团队对时任上海市第六十中学历史学科教研组组长的章老师就学科"1+X"课程群的评估策略相关主题展开了相应的访谈调查。访谈以在线形式实施,考虑到作为高中教师,日常的工作任务通常是相当繁重的,而在线访谈在访谈空间、访谈形式以及访谈距离等要素上更加便捷,更有利于本次访谈工作的开展。访谈采用一对一问答的形式,访谈内容由在线录音工具详细记录。访谈工作由双方自由协定时间后展开,共用时 25 分钟。

具体访谈提纲如下。

关于学科"1+X"课程群建设实践的访谈提纲

对象:一位学校教研组负责人。

内容如下。

亲爱的学校教研组老师:

您好! 为了更好地了解上海市第六十中学学科"1+X"课程群建设的具体情况,探究课程群实施过程中的具体策略及模式,拟以"上海市第六十中学学科'1+X'课程群建设"为主题展开访谈调研。感谢您的支持。

访谈具体问题如下:

(1) 对于学校特色课程建设而言,如何进行合理评估是保障课程质量、引导课程建设发展的重要策略。您能否阐述一下学科"1+X"课程群在建设之初到现在,都采取了哪些具体的课程评估策略?

(2) 您觉得学科"1+X"课程群的评估有哪些特色? 对这样一个课程组的评估与常规学校校本课程评估之间有怎样的异同点?

(3) 在学科"1+X"课程群中,课程的进阶性是非常具有特色的设置,您觉得学校是如何通过评估来考查学生是否能够适应课程进阶的?

(4) 课程群的评估策略是如何不断地引导学科"1+X"课程群持续创新和发展的? 您能否给出一些具体实例?

(5) 校本课程与国家课程的有机融合是学科"1+X"课程群,对这两种不同性质的课程,相应的评估策略又存在怎样的不同呢?

(6) 在学科"1+X"课程群的建设中,您是如何基于顶层视角去设计对课程授课教师的教学评价,并以此保障课程群的良性运作和发展的?

（7）您觉得在学科"1+X"课程群中的校本课程与国家课程授课中,对教师的评价应当关注哪些内容维度? 在两类课程中存在怎样的内容维度评价差异?

（8）学校为了了解教师在学科"1+X"课程群授课时的真实情况与水平,采取了怎样的策略?

（9）学校是如何通过对授课教师教学评估的结果,来实现学科"1+X"课程群在近年来的不断变革和发展的? 您能否举出一两个相关的例子?

（10）能否谈一谈从学校层面是如何支持学科"1+X"课程群的授课教师的专业发展的?

（11）您认为学校对教师专业发展的这些支持,对学科"1+X"课程群的运行和发展起到了怎样的帮助? 又存在怎样的不足和相应的发展空间?

（12）您觉得学科"1+X"课程群建设能够帮助学校和教师在教书育人的道路上共同成长吗? 学校又对课程群中的中青年教师有着怎样的发展期望?

在访谈结束后,研究者详细梳理了访谈内容资料,并对关键内容予以了深入分析。研究主要聚焦于学科"1+X"课程群的评估策略的三方面维度。一是学科"1+X"课程群的评估策略的评价标准和特色设置;二是学科"1+X"课程群的评估策略的评价方法及其运作机制;三是学科"1+X"课程群的评估策略的实际举措和现实成效。

4.1.1　基于核心素养的评价设计思路

评价标准是实施教育评价工作的基本参照,也决定着教育评价的思路、举措、维度和具体实施的方法。在访谈中,我们可以得出虽然学科"1+X"课程群是包含了国家课程与地方、校本课程的多元课程结合体,但核心素养仍然是其评价标准的基准参照。无论是国家课程的实施,还是地方、校本课程的教学,都紧密围绕着国家课程标准中核心素养的要求进行,并以此建立了一套既统一又不雷同的学科课程评价设计思路。

"如果按照现在新的统编三课题的要求,那么每个学科其实在课标里面都有一个很核心的内容,就是都要去落实一个学科的核心素养,那么在进行我们学校的这个课程体系架构设计的过程当中,我们肯定也是围绕这样一个学科核心素养来进行的。以我所负责的历史学科组为例,首先历史学科的五大核心素养在国家课程里面肯定是需要很全面系统地去贯彻实施的,因为其在课标里面有非常明确的一种教学分层:它包含了不同的核心素养在各个年级可能要落实到哪一种程度。那么在国家课程体系里面,我们肯定是按照课标来进行教学的。此外,因为在高中三年的历史学习中,学生会发生一个学业水平上的分化,这样的分化也导致了不同水平学生在历史学科学习上也有着不同的个人学习需求。在这样的基础上,我们要为那些有志于选择以历史为未来职业路径,抑或已经选择历史学科为高考科目的学生进行一些围绕核心素养的拓展学习。它包含了对学科知识面的扩展,学习路径的扩展,学习资源的扩展,学习经历的丰富等方面。所以在这样的情况下就会有相应的拓展课。这就是我们'学科X课程'的雏形。那么随着我们课程拓展的进一步深入,当然也是核心素养发展多元化的进一步要求,我们现在还设置了历史学科的实践课。此外,我们也有另外一位老师,一直负责关于历史红色移动书院这部分内容,定期请高校的老师到学校里面来以讲座等形式作为历史学科'X课程'的拓展内容。"

从访谈中我们可以了解到,在学科"1+X"课程群的建设中,核心素养教育一直伴随着其一步步产生和发展。课程群建设的起因源于学生对学科核心素养更高水平的学习需求,以及相应的核心素养发展的迫切需要。在实际的高中学习过程中,不同学生对于不同学科的核心素养发展需求存在着区别。以历史学科为例,一些对历史学科没有深入学习需要,以及并不将历史学科定为高考选考科目的学生(无论学生的选择是基于兴趣还是基于升学、个人发展等功利视角），那么基本的国家历史必修课程便能够满足他们的学习需求。这样的学习需求评价标准是基于核心素养的基础水平标准——这些学生具备基本且相对全面的历史学科核心素养，但在水平上并没有达到优秀的程度。而另一些对历史学科有额外兴趣，抑或选择历史学科作为高考选科科目的学生，则有着切实的历史校本课程学习需要。这样的学习需求使得上海市六十中学逐渐着手于以历史学科为代表的一系列学科课程的校本开发，由此逐渐演变为更具有结构性的学科"1+X"课程群。需要注意的是，学科"X"课程的教学内容并非针对国家学科课程内容的巩固课/拔高课，它的内容选择主要聚焦于对学生学科知识面、学习路径、学习资源、学习经历的进一步延伸拓展。这些要素既是课程教学的核心内容导向，也是对学科"X"课程实施评价的基本参照。

随着课程体系的进一步发展以及学校教研组、学科组教学水平的不断提升，学科"X"课程实现了课程内容和学习维度上的多元化，在课程形式上的深入探索也成为课程群发展的新思路——这样的发展同样是基于学生核心素养多元化发展的学科教学考量——学科教育不应局限于讲授制的学生被动学习，而是应当主动建构以学生为主体的实践发展学习环境。基于这样的思想，类似于历史学科实践课程、历史红色移动书院等一系列在形式上更加具有突破性的学科校本课程应运而生。

4.1.2 多元化评价机制与方法的保障

多元化的评价机制与方法在上海市第六十中学的学科"X"课程评价中占有重要地位。因高考等人才选拔考核体系的要求，国家课程的教学往往更注重考试结果，以此作为评价方式。然而这些在学科"X"课程的教学中便能够得到一定程度的改善。具体而言，多元化的评价机制与方法不仅是学科"X"课程能够与国家课程产生区别的重要标准，也是保障学科"X"课程多元化内容的机制。

"一般来说,在这个国家课程落实的过程当中,我们除了过程性评价之外,可能比较偏重的还是一个笔试考试的评价,因为学校都有正规的月考、期中考、期末考。过程性评价是作为学生的一个时期性的分数。那么在拓展型课程当中,就是学科X课程当中,可能我们才更偏向于使用过程性评价。而在最后对X课程进行结果性评价的时候,呈现的方式也是更为多元的。比如,因为我以前在高一的时候开过一门拓展型课程,就是中西文化的一个比较课程,主要内容是就中西文化的形成背景来看待中西文化差异。其实这部分内容是属于以前高一历史学科的一个教学内容,那么在课堂教学的过程当中,肯定是按照书本体系来走,需要将具体考查的知识点教学落实下去,例如重视古代文明各自的特征、民族文化的特点等。但是评价的过程当中,就像我刚才所说的,除了使用考试的方式之外,拓展型课程教学时,因为课程内容是中西文化之差异的一个比较,那么在这样的情况下,我们就分了相应的一个主题,比如说它们各自所形成的地理环境、所呈现的不同特征,以及它们各自的载体。每次在课堂上,学生是需要分组讨论的。那么这个分组讨论包括小组的发言内容,其实也都是学生评价的非常重要的一个部分。那么最后课程结束的时候,每个同学被要求在我们课程体系里面的六大主题中,选择一个主题来深入研究并撰写出小型的课题论文,这也是他最后的一个结果性评价所呈现的方式。

在我们这个课程授课的过程中,无论是在具体的某一个课堂中,还是说在一个学期的课中,都会有一些可能被专门设计的综合性评价内容。它包括一些过程性的内容,也包括一些终结性评价环节。在拓展型课程里面,其实我们最主要是希望能够激发学生对于学科学习的一种兴趣潜力,把它引入学科学习的一个基本路径中。所以在这样的情况下,比如说围绕课题研究,我可能会特别关注首先学生在研究过程中,他是否清楚正确的研究路径。像历史学科的研究,你肯定需要有史料的收集,那么史料收集的多元性和权威性,可能就是体现一个学生学习素养的重要角度,这也是我更关注的一个部分——而不是他史料收集的正确性等结果表现。这些过程性评价要素包含:他有没有具体地操作这个过程? 在讨论的过程当中他如何呈现自己的观点? 学生在活动中的参与性,还有他们的思维角度是否有多元性? 又或者他能够就某一个主题进行研究,那么在这个主题之下,他能够研究到什么程度? 这些都是我所关注的评价要点。也就是说,在这个 X 课程当中,我们对于过程性评价其实还是很关注的,因为这也是学生素养的一个体现,即使最终所呈现的结果可能对学生升学而言并不是那么重要。"

在章老师的回答中我们可以发现,多元化的评价机制在学科"1+X"课程群中有着充分的运用体现。在传统的国家课程即我们学科"1+X"课程群的"1"课程中,以笔试形式开展的评价制度仍然被保留了下来,以此保障学生在升学方面的切实需要。而形成性评价、过程性评价等多元化的评价方法则在各类学科"X"课程中实现了大量运用。需要注意的是,教师对这些评价的运用往往是基于课程学习的内容特性,针对不同的课程内容,教师往往会根据自身的教学经验采取不同的评价方法。这样的评价机制保障了学科"X"课程授课的整体质量,也使得授课教师能够根据学生课堂学习的即时状态和需求实施合适的评价手段,进而对课程进行合理的安排。

多元化评价制度同时反应出了教研组和授课教师对学生课程学习的期望,即并不拘泥于分数的提升,而是聚焦学生的能力与思维发展。即使这些能力和思维可能是隐形的,抑或在日常的学习生涯中常被忽视,但它们的价值在于往往能够伴随学生更为长久的时间并为他们的未来发展提供助力。此外,一些在常规笔试中难以考查的学科关键能力的培养同样被纳入了学科"X"课程的评价当中,例如历史学科中的史料收集与考察能力。这些能力有些是学科核心素养的重要组成部分;有一些虽然并没有被纳入高中学段的学科核心素养范围,但仍然对学生的学科水平以及未来社会生存水平有着重要的意义与价值。这样的评价机制恰恰与学科"1+X"课程群的建设初衷吻合。无论是对于学校层面还是任课教师而言,实施学科"X"课程更深层次的目的便是服务学生未来发展的实际需求,因此,其时段性的功利效能并不显著。

4.1.3 多元课程体系下的学生发展评价体系

在常规的校本课程中,单一不变的课程主题与教学难度缺乏针对性是造成学校校本课程难以实施的主要问题之一。这样的现实不仅给不同学习水平的学生带来了困惑,也给教师具体的授课实施带来了极大的挑战。对于学业水平较高的学生而言,常规的校本课程在难度上往往难以满足他们对学科知识延伸的进一步需求,甚至于课堂中的很多教学内容对这些学生而言属于已掌握的知识。而对于学业水平较低的学生而言,在其学科基础尚未扎实的情况下接受延伸式的校本课程,显然也是作用微乎其微且不切实际的。同样的,对于课程教学的教师而言亦非易事。面对学业水平差异较大的学生群体,以及与国家课程不同的没有严格课程标准的教学内容,教师如何设置合适的教学内容以及如何进行课程评价,同样是难以处理的问题。

"实际上课程实施的结果其实还是良莠不齐的,因为首先这是一个学生的选择性课程。对于不同学生来说选课的目的是不一样的。有的同学可能是出于好奇,出于兴趣,有的同学可能就是根本没有什么特别明确的目标,他的好朋友来了,他也就来了,所以说学生在课堂上呈现的状态差异性还是很大的。在这样的情况下,其实因为我们说的,这是属于'X'课程,它本来就应该是提供给那些有需要的同学,所以老师们一般还是不会轻易地降低课程的各方面质量和要求。因为这不是国家课程,不需要去要求所有人都必须在课堂教学中掌握全部的教学内容。虽然任课老师会以比较严格的标准要求学生,但是如果说学生的实际水平没有通过这个课,或者说课程后个人的学习成果没有达到一个最终的目标,也不会对其造成过坏的影响,反而我们希望能够通过这种结果引导他在下一轮选课时选择更适合自己水平和兴趣的其他'X'课程。要来参加的同学只要基本学习态度认真良好,老师们也都愿意接受,但不会因此降低评价标准。相比于那些优秀的同学,他们之间的差距肯定在课程后会进一步增大。"

实际教学中,学科"X"课程体系在教学对象与教学质量的评价处理上,仍然保持了高质量的教学内容与高标准的评价要求机制。虽然更高难度与更宽延伸的课程内容对于授课教师而言无疑会存在挑战,但教师不再需要将过多的精力放在平衡班级中每一位学生的学习进展上,而是有了更多的时间和精力去打磨课程内容本身。相对应的,学科"X"课程对于学生多水平的实际学习现状和多元化的学习需求,其丰富的课程内容体系和课程水平体系,给予了学生基于自身兴趣与水平的自主判断和学习选择权。虽然建立这样的课程体系对于中学来说具有一定的难度,但一旦能够在不断的发展中得以实现,其人才培养的成效也是显著的。

4.1.4 评估体系下的课程教学挑战

高标准的课程内容评估要求,不仅仅给选课的学生带来了学习内容上的挑战,对于授课教师而言同样有着相应的挑战性。在前文对学科"X"课程体系建设论述中我们已然发现,课程群建设对学校师资的相应水平要求是该体系难以在部分地区/学校推行的重要因素。然而,我们更感兴趣的内容是,对于学校教师而言,学科"X"课程的建设与实施到底存在怎样具体的困难,以及一所中学是如何在学科"X"课程体系建设探索的道路上克服这个现实问题的。研究从访谈内容中摸索出了问题的部分答案。

"其实我觉得在整个'1+X'课程评估体系里面,最大的一个可以关注并予以改进的地方是对老师的评估,这里最关键的要素是教师能否得到专业性的指导和帮助。说实话,大部分老师更关注的还是国家课程的实施,这也占据我们教学工作很重要的一个部分。其实在做拓展课程或研究的过程当中,我们教师可能有一些方向,但具体应该如何落实往往非常困惑,落实的结果是否真正产生成效也很难准确评估。作为普通一线教师,我们自身的知识储备不一定那么充分全面,因为'X'课程本身是一个学科拓展型课程。越是拓展细化的东西,其实对于教学与研究来说,肯定是要越深入的。所以我觉得我们老师在这个专业素养方面特别需要能够得到一些支持。

另外一个方面,对于学生来说,我觉得学生的学习时间是非常有限的,所以说一个好的'X'课程,我觉得应做得小而精,就是课程哪怕就一个学期,哪怕只涉及了一个知识点,但是如果这个点真的能够积极地调动学生去做,老师能够提供足够的支持,形成一个比较良好的互动,我觉得这就是一个'X'课程比较好的呈现状态。不一定要求教师一定要通过'X'课程带给学生多么庞大的知识体系。我觉得'X'课程和国家课程可能最大的一个区别就是在于'X'课程,它其实给老师的时间和空间的灵活度都更大,但是如何在这个灵活的空间和时间当中,实现真正的素养育人,对教师而言是非常困难且难以把握的。"

深入剖析后我们可以发现,由于具体的课程实施与评估职能的下放,一线教师在面对具有拓展性特征的'X'课程时反而表现出了较大的不适应性。这种不适应性既来自不知道怎么教的内容属性迷失,也存在着不懂该如何评估的结果性判断困惑。如何在课程实施权力下放的过程中,做好一线教师教学的指导和监督工作,是整个评估体系中需要关注的重要落实抓手。

在实际的实施过程中,上海市第六十中学教研组对"X"课程建设和实施的路径并非一种盲目的扩展,而是体现出了明确的聚焦性。课程更加关注对某个有意义有价值的知识点进行深度的素养教育挖掘,而非对整个学科体系漫无目的地简介和泛泛而谈。这种内容的聚焦性不仅降低了教师的备课压力,也间接发挥了教师本身对知识体系的教学特长——教师可以就某个自己擅长且有意义的知识模块进行进一步展开并使其成为一门学科延伸课程。此外,凝聚性的知识点教学使得响应的评价手段也可以有的放矢,并搭配更具有针对性的评价策略和工具。

4.2 学科"1+X"课程群学习的学生测评

　　学生是学科"1+X"课程群建设的服务对象,学生是否能够获得预期的培养并达到相应的培养目标,是评估课程群体系建设合理性与实施成效的主要标准。在具体的课程建设与实施过程中,如何设计合理的学生测评内容和方法,对课程运行和发展有着重要的影响。在本节中,主要从两维视角进行具体的实践研究。首先,我们试图探索研究的样本学校上海市第六十中学主体,期望以此更加深入接触学科"1+X"课程群教学实施的课堂一线,了解在具体教学行为中所实际使用的学生测评思路与方法。其次,我们希望通过了解学校教师对学生进行实际测评的举措,掌握学科"1+X"课程群对学生所产生的实际影响——这种影响并不是考查学生在课堂中所习得的具体知识和技能,而是考查学生对学科"1+X"课程学习的认识、态度等要素,以及通过学习课程所带来的个人素养的可能转变。

　　在本节研究中,团队对时任上海市第六十中学课程与教学处工作的刘老师,以及心理健康学科的林老师展开了相应的访谈。访谈以在线的形式予以实施,考虑到两位老师作为高中教师,日常的工作任务是相当繁重的,而在线访谈在访谈空间、访谈形式以及访谈距离等要素上更加便捷,更有利于本次访谈工作的开展。访谈采用了一对二问答的形式进行,两位老师在同一空间内使用同一在线设备接受了在线访谈,彼此之间可以交流。访谈内容由在线录音工具予以了详细记录。访谈由双方自由协定时间,共用时 35 分钟。

　　访谈对象一刘老师在学校学科"1+X"课程群建设与实施工作中主要负责课程建设与评估的相关教学管理工作,具有十年以上工作经验和硕士研究生学历。访谈对象二林老师是学校入职满三年的年轻教师,硕士研究生学历,是学校心理健康教育教师,并担任相应的国家课程教学工作。在学校学科"1＋X"课程群中,林老师承担了一门职业生涯规划类"X"课程的教学任务,并参与了该课程从无到有的三年内整体规划和发展过程。

具体访谈提纲如下。

关于学科"1＋X"课程群建设实践的访谈提纲

对象:刘老师、林老师。

主题:学科"1＋X"课程群学习的学生测评。

内容如下。

亲爱的老师:

您好! 为了更好地了解上海市第六十中学学科"1＋X"课程群建设的具体情况,探究课程群实施过程中的具体策略及其模式,拟以"上海市第六十中学学科'1＋X'课程群建设"为主题展开访谈调研。感谢您的支持。

访谈具体内容提纲如下:

(1) 学科"1＋X"课程群的特色在于将国家课程与校本课程进行了有机结合,您认为这两类课程在对学生的测评中都有哪些内容? 又存在怎样的差异?

(2) 您在课程群授课的过程中,使用过哪些测评策略,您是怎样设计这些策略的? 其目的是什么?

(3) 在对学生的学习情况与水平进行各种形式的测评后,您是如何处理这些测评结果的?

(4) 您觉得对学科"1＋X"课程群中的校本课程而言,学生需要在测评中有着怎样的表现和成绩,才能够证明其达到了课程群学习的最终目标? 能否举例说明?

(5) 您觉得现有课程对学生的测评是否有改进或提升的空间? 具体包含哪些方面?

在访谈结束后,研究者详细梳理了访谈资料,并对关键内容予以深入的分析。研究主要聚焦学科"1＋X"课程群学生测评体系的三方面维度。

一是学校课程管理层对学科"1＋X"课程群建设与评价机制的探索；二是学科"1＋X"课程学习对学生测评的具体策略与导向；三是学科"1＋X"课程学习对学生测评的指标体系与测评成效。

4.2.1　基于课程特色的多元化学生测评机制

访谈首先对学科"1＋X"课程教学中学生实际接受的课程评估策略与形式展开了讨论，并试图通过这一主题挖掘出学校在实施相应课程学生评测工作中的实际处理思路。

刘："在学科'1＋X'课程群中，具体课程评估的策略是这样设计的。有一个相对来说比较完整的课程评估体系，在课程评估体系当中，可能有一些指标和参数用来调整具体的课程设置。这些指标和参数主要来自学生的评测结果，例如学生之前上同类课时的整体水平，抑或学生选择某类课程的数量和比例等。除此之外，课程还有很多围绕学生学习情况布置的评测方法，例如评价的方式，我们每一堂课在课后会有一定的评价，还有这一个学期期末也会有一个评价，就是一个过程性的评价和一个完整的指向终期考核的评价。那除此之外呢，这个评价的方式可能也不局限于布置作业这样比较传统的方式，因为我们这个'X'课程的主要目的是让学生的兴趣都得到开发，各方面的能力可以激发出来。所以说我们的学生评价具体策略会更加多元和灵活，包括考查学生在这个课程当中的动手能力啊，课程当中的积极表现啊，包括我们在其他的创新实验室当中实施的课程3D打印机啊，还有这个信息技术内容啊，可能更偏向于过程性的评价。除此之外，包括他们每一节课完成的作业也会纳入这个评价体系当中。还有一些学生可能会在这个学期末的时候，以小论文的形式，或者研究性学习的课题形式来完成这个课程的结业任务。"

在访谈中我们可以发现，在学科"X"课程群中，课程组作为具体的管理者对于课程的评估策略并没有采取严格的规定或限制,而是使用了更为开放且具有针对性的学生评价策略与思路。其中,两种学生评价制度在课程的实施中同时存在,并共同对课程的建设与实施有着重要的影响。第一种是由教研组实施的学生评价机制,这种机制是基于学生学习状态与结果,由学生评测的结果对课程实施及其质量进行相应的评价。在这种评价机制中,学生的测评反应成为衡量课程是否符合要求或达到预期成效的重要指标。这种指标无疑会对课程及其授课教师产生相应的压力,促使课程在实施的过程中更加偏向学生的具体需求,并保障课程的实施能够促进学生学习的发生。第二种是以教师为主导的课程评价体系。教师会根据具体的课程内容与类型等因素,对学生采取不同的评价手段。这些评测手段包括操作、课程表现、课后作业等。教师通过这样的机制促进课程实施的推进,也能够保障课程的整体质量。但无论是教研组主导的课程评估,还是教师主导的课程评价,在具体的实施过程中都采用了多元化的学生测评机制。这样的机制是学科"X"课程能够在具体建设过程中不断发展并实现学科延伸和学科融合的保障,同时也促进了教师将自身教学理念与实践教学相结合。

4.2.2 学生评估支持下的课程开发与发展

在上述的访谈内容中,研究了解了学生测评是如何在多项"X"课程的具体教学实施中发挥作用的。我们试图进一步探索,学生评测及其结果是如何影响课程的具体开发与发展的。这样的内容能够帮助我们更好地了解学科"X"课程在具体的实施过程中,如何长效地保持学生本位理念。

访谈者:"所以我们可以发现,类似于项目式或者实践类型的课程体系及其评价机制在学科'X'课程群中非常常见,是学校教研组对课程及其教师的要求或引导吗?学校教研组又是如何通过对学生测评的路径来评价课程的呢?"

刘:"类似的以项目式学习的方法进行教学和评测的课程在我们的'X'课程体系中非常常见。但具体评价策略的选择权更多还是交给了授课教师本人,课程组更多只是负责指导和监督。因为每一门课都由教师自己决定课程名称及其教学内容体系。比如李老师,他对他的每一门课进行设计的时候都会有自己专门的名称和相应的教学思路。那么像我们老师,如果他每个学期或者每个学年有不同的想法,那么他所开设的课程的名称、内容、门类,都会有所不同。我们非常鼓励教师做这样的创新和尝试,教师的教学创新是学科'X'课程群不断发展的新鲜血液来源。"

访谈者:"那这个其实也是可以视作我们学校这个'1+X'课程群评估的一个特色了吧。那我想问一下,就是学校在设置某一个'X'课程的时候,是怎么通过评估来考查学生是否适应这门课程的,又是如何通过对学生的评估去判断这个课程是适合学生学习的呢? 有没有这么一套体系在里面?"

刘:"一套体系的话,就像我们刚才所说的这个评估体系,它首先是一个大的框架,框架的支撑点其实是每一名老师及其负责的具体'X'课程。但是每一名老师在实施的过程当中,他采取的策略路径可能是不一样的。那作为一个教研组的话,我们是会通过某些评价方式去评测我们设计出来的课是否合格,或者说是否适合学生学习的。总体来说,我们相当于是课程评估体系的管理者,主要是通过这种访谈或者是问卷的形式,在每一学期或者是每一学年的时间节点里对一门课程进行整体性评价。我们可能会设计一些问卷,让学生去回答,然后在得到反馈数据之后,再去评估这门课,是不是还有必要保留;或者说我们是不是可以改进这门课的内容,包括它的难度,进行一个延伸或者扩展。这些是教研组和任课老师进行研究和交流后的进一步的工作内容。"

从访谈中我们可以发现,学科"X"课程的具体开设与实施,更多由任课教师自由发挥。在课程组的许可下,教师可以自由地对课程进行开设、更迭和创新。这些工作并非全然源于教师自己的教育理念或思路,更多的是教师自身在具体的国家课程或延伸课程中根据学生测评的表现与结果予以分析总结的教研产物。在这个环节中,对学生进行各类测评所得出的结果,是影响授课教师课程建设、开发和教学的关键要素。在具体的评价过程中,教师会根据课程的性质与内容,自主设置各类多元化的评价环节。这些评价环节并不是对学生进行某些层面的划分,更多的是从学生的评价反馈中了解课程的真实质量和效果。例如,课程中的理论是否过于高瞻或严肃,导致趣味性、可理解性欠佳,使得学生的作业反馈出现问题;抑或实践类的课程是否缺乏理论总结,导致学生实际操作能力难以得到深层次培养,从而导致过程性评价结果较差;又如课程的实际内容与课程名称相差甚远,使得选择课程的学生在学习过程中逐渐失去兴趣从而难以保持学习状态,导致课堂状态反馈不理想等。这些评价反馈的出现,更多展现出了课程在教学过程中所暴露出来的具体问题。这些问题在国家课程中同样或多或少地存在,但往往因为课程内容的强制性与人才选拔机制的高压性,教师难以根据评价结果对课程的内容结构等要素进行具体的改动。但这样的改动在学科"X"课程中成为可能。

而对于课程组而言,根据学生的反馈对课程进行管理,则更偏向于一种总结式的工作调整。这些调整往往在课程经过一个学期或一个学年后,才会进行。这种评价的目的在于对现有课程体系进行考核,从而对课程内容、主题设置进行调整。需要注意的是,这种调整并非由课程组独立完成,而是在课程组的教研人员与授课教师进行协商沟通讨论后得出的。这种基于学生本位、以教学成效为导向的自由化课程管理方式,是学科"X"课程得以长效高质量发展的保障。

4.2.3 学生评估支持下的课程内容实施

在了解了学生评价对课程建设的具体作用后,我们希望通过更为具体的案例去探讨学生的表现在学科"X"课程的具体实施过程中,究竟能够对课程本身产生怎样的影响。研究在对林老师的访谈中见到了部分答案。

林："刚开始的时候,因为我的课会设置比较多的活动型内容,这使得学生在具体操作过程中会很有参与感,而且很开心。刚开始对课程的评价并没有非常成熟,我们只是对学生在课后设置了相应的一个调查问卷,然后得到了一些反馈结果。但是问卷能够反馈的内容还是有很多局限性的,我会觉得这些好像还不太够,因为一系列活动后能够具体留下的产物太少了,就是能够评估他们学习状态的东西太少。沿着这样的思路,我就试着往课程里面加了一点可以呈现的教学内容,然后结合他们的问卷反馈进行课程的优化。比如说学生如果觉得这节课很无聊,他觉得课程中的这个活动对于高中生来说太过于小题大做,就会写得很少,或者他不会写一些比较有实际内容的话,就没有很多的真情实感。那么在接下来这一轮课程实施当中,我就会做出调整,会把这个活动进行改动或删除,例如再增加一些新的内容来优化。我整个课程设计就是这样的一个反馈过程。

因为我们这个课程毕竟是通过校本课程和国家课程融合而成,那么对于这两种不同性质的课程,我们在设计这些'1+X课程'的时候,整个侧重点就会有一些不同。例如,我们要求学生达到这样一个教学目标,那他们的学习目标方向上可能就有所不同。又如我们在设计这个国家课程的时候,那么这个学科课程,它就必须按照课程纲要、课标要求进行实施。我们也会特别关注学科的核心素养等方面从而进行专门化的教育,尽量在教学过程中去达到这些目标,这个是国家课程当中相当于是一个指标性的任务。那么相对呢,'X'课程,在教学内容导向上就具有一定可操作性,我们就将其叫作可容纳性,它的可容纳性可能就更宽广一点。所以在学科'X'课程上,我们更主要的还是采取这样一个标准:首先是学生感兴趣,这是一个基础,然后在这个基础上结合课标、学科的特征,以及老师的特长,把它们融合在一起,形成一门课程。而如何确定学生是否感兴趣、是否有学习的需要,则离不开相应的评价机制的支持。"

对于教师而言,课程实施过程中对学生的评价往往是更加多元且形式各异的,这取决于教师的态度,也受到课程具体实施过程中可能出现的各类状况的影响。通常情况下,如果评价机制运作正常、学生评价反馈结果良好,这样的结果就能够反映出课程质量本身的优质。相反,如果课程本身的质量欠佳,那么教师也难以得到良性的学生评价,这也说明课程的问题不仅仅源于教学本身,其评价机制可能也存在相应的缺陷。这种对课程内容与评价机制的联立管理机制,往往是教师在学科"X"课程实施过程中采取的惯用方法。这样的方法是优化课程的关键要素,其本质是为了学生能够更好地融入课程的教学内容,从而获得实质性的素养提升。

此外,学科"X"课程在对学生进行教学和评价的过程中,与国家课程的巨大差异来源于教学目标上的不同。林老师将这种目标称为"国家课程所必须完成的指标性任务"。这种任务对国家课程有着强制性的要求,而对学科"X"课程则不然。因此在教学及评价的过程中便可以有更大的发展空间与方向。例如学科"X"课程可以对一些学科"非核心素养"进行专门化的教学和考查,并将其作为课程内容的重点。这种做法在国家课程的教学与评价中是不太可能出现的。

4.3 学科"1+X"课程的教师教学评价

在本章的前两节里,我们分别关注了课程群的整体评价思路,以及学生测评在课程群建设与实施过程中起到的重要作用。而在本章的最后一节内容中,我们期望能够从样本学校上海市第六十中学实施和发展"1+X"课程群建设的具体实践经历中,摸索学校是如何对教师及其教学进行相应评价的。这样的目的在于:其一,对于学校而言,教师是完成教学工作的末端,也是教学工作的具体执行者,了解教师的评价工作有助于我们理解学校对课程群建设和管理的实际思路;其二,对于教师而言,所需面临的评价环节也对其教学行为的实施有着推动和监督的作用与价值,过高的评估要求或过于松散的评估环境都会对教师的教学工作产生不利的影响;其三,学校对教师的评价导向,往往能够被教师反映到一线的课堂教学中去,因此相应的探索能够清楚一线课堂教学的真实面貌,例如学校对教师的评价主要源于班级学生在各类联考中的平均成绩,那么教师将必然在课堂教学中强调学生应试能力的培养,即使学校再怎么强调素质化教育,最终得来的结果也必然落入应试教育的怪圈。

在本节研究中,团队对时任上海市第六十中学"1+X"课程群项目负责人,在学校课程与教学处工作的郑老师展开了相应的访谈。访谈以在线的形式予以实施,考虑到访谈对象作为高中教师,日常的工作任务是相当繁重的,而在线访谈在访谈空间、访谈形式以及访谈距离等要素上具有一定的便捷性,更有利于本次访谈工作的开展。访谈采用了一对一问答的形式进行,访谈内容由在线录音工具予以了详细记录。访谈由双方自由协定时间,共用时 35 分钟。

访谈对象郑老师在学校学科"1+X"课程群建设与实施工作中主要承担学校课程教学的分管工作,并参与了整个课程建设的统筹规划,推进实施总结过程。在后期的课程群建设与实施过程中,郑老师主要负责课程运行的具体管理工作,其具有二十年以上工作经验和硕士研究生学历。

具体访谈提纲如下。

关于学科"1+X"课程群建设实践的访谈提纲

对象:郑老师。

内容如下。

亲爱的学校教研组老师:

您好! 为了更好地了解上海市第六十中学学科"1+X"课程群建设的具体情况,探究课程群实施过程中的具体策略及其模式,拟以"上海市第六十中学学科'1+X'课程群建设"为主题展开访谈调研。感谢您的支持。

访谈具体内容提纲如下:

(1)在学科"1+X"课程群的建设中,您是如何基于顶层视角去设计对课程授课教师的教学评价,并以此保障课程群的良性运作和发展的?

（2）您觉得在学科"1+X"课程群中的校本课程与国家课程在授课过程中,对教师的评价应当关注哪些内容维度? 在两类课程中存在怎样的内容维度评价差异?

（3）学校为了了解教师在学科"1+X"课程群授课时的真实情况与水平,采取了怎样的策略?

（4）学校是如何通过对授课教师教学评估的结果,来实现学科"1+X"课程群在近年来的不断变革和发展的? 您能否举出一两个相关的例子?

（5）能否谈一谈学校层面是如何支持学科"1+X"课程群的授课教师的专业发展的?

（6）您认为学校对教师专业发展的这些支持,对学科"1+X"课程群的运行和发展起到了怎样的作用? 又存在怎样的不足和相应的发展空间?

（7）您觉得学科"1+X"课程群建设能够帮助学校和教师在教书育人的道路上共同成长吗? 学校又对课程群中的骨干教师和青年教师有着怎样的发展期望?

在访谈结束后。研究者详细梳理了访谈内容资料,并对关键内容予以了深入分析。研究主要聚焦学科"1+X"课程群中涉及教师评估具体策略的相关内容。内容的梳理展示了学校在学科"1+X"课程群建设和发展阶段暴露出的实际问题,并用实际行动给出了具体的解决方案。

4.3.1 "X"课程教师评价与管理的实际挑战

教师的评价与管理工作在任何一所学校都是非常具有挑战性的,究其原因在于教师工作性质的特殊性,也有着现有学校制度等其他要素带来的实际影响。对于学科"X"课程这样的校本课程而言,相应的教师评价工作如何实施和开展更是难以把握的教育学与管理学难题。

郑："我们当初在设想整个方案的时候,其实还是比较理想化的。比如说这个'X'课程里面的跨学科课程,当时我们想可以将评价老师的方式变得与国家课程教师评价不同一些,比如说我们会采用例如评个星级导师,评五星课程等方式来激励老师,进一步优化课程建设。但是在逐渐探索的过程中,发现课程群的建设其实还是挺难的,因为在建设之初整个学校当中愿意上这样的'X'课程,并且有能力自己开发并完整实施这样课程的老师其实也并不是很多。这和我们学校教师的年龄结构、学历水平等因素可能也有关系。年轻教师尽管这几年都在不断地引进中,而且这些年轻教师的水平都是非常高的,可是从数量上来说,相对还是比较少,而且有些老师承担的工作量本身就很大,那么他们就无暇顾及这个'X'课程的建设,所以不要说从已有的这些老师里面挑选出优秀的老师、再去给他们一些奖励或者是设置相应的淘汰机制了,光是把这些老师留在课程群中,就是一件不容易的事。

此外,对于评价方式也很难把握。如果是常规的笔试,学校的大部分老师都能够习惯和接受。但将其用在教师的课程评价当中显然是远远不够的,可如果将国家课程的教师评价方式纳入学科'X'课程,显然也不合理。这是我们的一个现实困难,当时也想过一些方法,但其实都没有实施成功。然后我还有一些想要补充的就是关于学生测评这一块儿,其实我们也是有一些现实问题的。当时设想着要求老师,比如说在学期中或者是期末的时候,对学生进行一些问卷调查,或是通过活动的方式收集一些同学们过程性学习的材料,关注他们的动态成长变化,等等。最后给他们一些考评或者是实际的奖励之类的,但是发现这其实还是很难操作的。第一个问题就是这些'X'的老师平时并不是这些学生的任课老师,他们每周只见一次面,而且这个每周一次可能都保证不了,经常会因为学校的大型活动,还有学校的相关考试安排,把这个'X'课程就挤占了,所以一个学期大概也就是八到十次课。这样的频率,那师生彼此之间的关系还是比较疏远的,所以这个就很难收集材料包括对他们进行一个客观评价。我们感觉这个测评本来是想要反作用于学生的学习还有教师的教学,包括课程建设等,希望能建设得更好,起到诊断鉴定,激励的作用,这样理论上我们也就有了一点点的了解,但是发现实际上其实这个选修课程,也就是'X'课程校本课程,它的测评对学生来说是没有任何约束力的。这就难办了。"

从郑老师的回答中我们可以发现,课程群建设和实施的前期,由于各类现实问题与课程机制带来的冲突,传统的教学评价方法难以适应学科"1+X"课程群建设的需要。对于具体的教师评价而言,涉及"X"课程教学的相关评价往往是难以展开的。这里面的首要矛盾是"X"课程本身的开发与教学难度对教师素养的高需求,因学校原本的师资力量难以满足相应需求,从而使得教师的评价反馈不再具有相应的约束力等管理职能。次要矛盾在于,学校对于"1+X"课程内部的评价导向存在着不协调性,具体表现为对国家课程的重视程度远高于"X"课程,从而导致后者必须在大多数情况下为前者让位,并导致相关的教学及评价工作难以开展。这些现实问题都是学科"1+X"课程群在高中学段实施和开展所要面对的,也成为教师评价工作中存在的具体挑战。教师应当为"X"课程付出多少时间和精力? 这些时间和精力的付出能否对教师的职业发展有现实的回报? 这些工作量的评价如何科学地予以关注? 显然这些问题在课程群的建设中将一直存在,也值得课程群的建设与管理者们深入思考。

4.3.2 "X"课程教师评价与管理的现实行动

面对教师评价与管理的现实问题,上海市第六十中学采取了一系列的举措。这些举措在很大程度上解决或改善了问题,并大大提升了整个课程群教师评价与管理体系的科学性,从而保障了课程群教学的有序运作。

郑:"顶层设计、课程组开发落实的框架性评价与管理体系是学科'1+X'课程群建设与发展得以顺利实施的根本。它确实有效解决了'X'课程建设与教学对教师带来的工作量和工作难度过大的问题,也使得教师的付出能够被关注并得到可能的回报。在课程群中,学校校长、领导层、教研组首先做了顶层设计,厘清了整个课程开发实施的工作思路。确定了整个课程的思路后,课程怎么开发、怎么进行,然后怎么对这个课程推进过程当中的反馈予以评价,以及如何进一步提升课程与教学处的水平来进行具体落实,也就有了解决之策。在这个过程中,作为课程与教学处的我们作为课程群第二级的主要推进部门,也设立了相应的分支去解决课程群可能出现的各类状况和潜在矛盾。'1+X'当中,'1'是国家课程,'X'是延伸课程,那么课程与教学处也有相关的老师分别来负责'1'课程和'X'课程的具体实施。此外,与课程与教学处进行二级管理的还有学校的一些其他单位,比如教科研团队、学生处、信息中心等。这些相关的职能部门会和教师们一起梳理总结课程教学的经验,鼓励教师形成自己的想法,也会指导各个学科形成学科课程方案等。如信息中心做了一整个信息平台的基础建设和信息保障,然后我们学生处在监督教师带领学生落实具体学科的过程中起了重要的支撑作用。"

从回答中我们可以看出,多层次架构确实有效缓解了教师的工作压力,课程中的各类任务被多个部门有效分担了。此外,由教研组和学科组主导的课程实施与管理二级单位的存在,在教师工作导向与质量评价上都产生了积极的影响。例如教师不必担心教授"X"课程可能出现的工作量不被认可、影响常规课程教学工作等现实问题。但我们也必须认识到,这些存在仅仅是对矛盾做出了相应的缓解,并使得课程群能够顺利地运转坚持下去。而如何彻底解决这些矛盾,是各级学校、教育管理部门以及教科研工作者值得进一步思考的现实问题。

5　学科"1+X"课程群建设的成效

　　在第 4 章中,我们通过实施具体评估策略对学校的实际举措进行了探究,从而对学科"1+X"课程群的建设思路有了更为清晰详实的了解,也看到了上海市第六十中学在学科"1+X"课程群实际发展过程中具体策略的制定与课程实施过程中的现实发展。可以发现,即使是在样本校上海市第六十中学,学科"1+X"课程群的建设和发展也并非一帆风顺的,学校在课程群的开发与建设中也遇到了多方面的现实问题。这些问题暴露出学科"1+X"课程群在具体落地实施过程中容易出现的各类困难。但同时我们也关注到,学校管理层和教师团队在各类问题的解决上展露出非常巧妙的教育智慧。虽然一些问题可能没有得到彻底解决,但学校摸索出了一条合理的课程群运行机制。

　　本章从样本校上海市第六十中学在学科"1+X"课程群建设中的现实成果入手,深入探究学科"1+X"课程群建设的成效机制。在实际研究中,笔者发现课程群在推行过程中,虽然一向以学生素养发展为基本目标导向,然而实际收获成效的对象显然不只学生。总体来说,学校的管理层、教研组,以及负责课程具体实施的教师队伍都得到了相应的发展与提升。在本书中,笔者主要以学生发展和教师发展为着眼点进行深入探究,并将课程成效与学校育人理念相结合从而讨论学科"1+X"课程群建设对学校发展的实际价值意义。其中,学生的综合素养提升以及青年教师的专业发展在研究成果中也得以显著体现。

5.1 丰富课程资源下的学生素养提升

丰富的课程资源是学科"1+X"课程群的主要优势之一,建立这样的课程资源对学校的育人工作显然有着重要的支持作用。其中,学生多元化的学习需求得到满足,相应的综合素养得以提升,是丰富课程资源能够产生的重要育人价值。

为了解学科"1+X"课程群对学生素养提升产生成效的真实情况,笔者及其研究团队以样本学校上海市第六十中学师生为研究对象,展开了一系列的实证调查工作。为了保证实证研究的客观公正,研究的原始数据采集工作由两名校外研究者负责。两位研究者均为教育学研究生学历,具备基本的教育学学科研究素养,能够胜任基本的教育学实证研究数据采集工作。

在本节研究中,团队对 266 名上海市第六十中学学生进行了问卷调查。问卷以在线的形式向学生发放,并由学生在周末的自由时间内自行填写。为保证问卷数据的真实性,问卷由研究者直接对学生进行匿名收集,学生的姓名、学号、个人隐私等信息不纳入问卷的收集范围,学生可以自由选择回答/不回答问卷,且个人的相关行为和数据不会对学校授课教师开放。对问卷进行初步筛选处理后,得到有效问卷 248 份。其中,问卷对象男性人数为 129 名(52.02%),女性人数为 119 名(47.98%)。高一年级人数 1 人(0.4%),高二年级人数 152 人(61.29%),高三年级人数 95 人(38.31%)。

问卷内容主要针对学生对学科"1+X"课程群具体课程的满意度、课程内容实施、课程认识、学习行为四个维度进行深入考察,每个维度涉及 5 个题项。问卷具有良好的内容效度。为保证问卷回答的质量,研究设置了 2 道反向问答题(第 9、18 题)。问卷的克朗巴哈系数为 0.968,表明问卷信度较高,具有良好的质量。

学科"X"课程学习基本情况调查问卷
（学生版）

亲爱的同学：

你好！为了更好地了解上海市第六十中学学科"1＋X"课程群建设的具体情况，探究课程群实施过程中的具体功能及其质量，我们拟对你在学科"X"课程学习中的基本情况予以调查。请你在最符合自身情况的选项内打√。所作答案没有对错之分，也不会用于任何学业成绩上的评价。感谢你的支持，祝你学业有成！

基本信息：

（1）你的性别：

A. 男

B. 女

（2）你所在的年级：

A. 高一

B. 高二

C. 高三

（3）你修读了哪门学科课程对应下的"X"校本课程（在对应的学科方框内打"√"，并在其右侧方框内备注课程名称）

学科	课程名称	学科	课程名称	学科	课程名称
语文		数学		英语	
物理		化学		生物	
地理		政治		历史	
信息		劳技		艺术体育	

（4）主要内容：

题　　项	不符合	不太符合	一般	比较符合	非常符合
1. 你对学习/学习过的学科延伸校本课程质量感到满意。					
2. 你喜欢学科延伸校本课程。					
3. 你对学习/学习过的学科延伸课程的课堂氛围感到满意。					
4. 你会期待上学科延伸课程。					
5. 你对学习/学习过的学科延伸课程的授课老师感到满意。					
6. 你认为你学习/学习过的学科校本延伸课程在教学安排上非常合理。					
7. 你认为你学习/学习过的学科校本延伸课程在主题设置上非常合理。					
8. 你认为你学习/学习过的学科校本延伸课程在学习内容和难易程度上很容易接受。					
9. 你认为学科校本延伸课程的任课教师对待课程教学并不敬业负责。					
10. 你认为学校的学科校本延伸课程能够满足你额外的学习需求。					
11. 你认为学校的学科校本延伸课程的学习氛围浓厚。					
12. 你认为学校对学科校本延伸课程的教学是非常重视的。					
13. 你认为学校的学科校本延伸课程很有特色。					
14. 你觉得学习学科校本延伸课程对你常规学科课程的学习很有帮助。					
15. 你认为学校对学科校本延伸课程设置的主题梯度规划合理。					
16. 你会在学习学科校本延伸课程时保持与常规学科课程学习同样认真的态度。					
17. 你会为学习学科校本延伸课程提前作好课前准备。					
18. 你从不完成学科校本延伸课程上布置的作业。					
19. 你会将在学科校本延伸课程中习得的知识与常规学科课程学习联立起来。					
20. 你会将在学科校本延伸课程中习得的知识运用到现实生活当中去。					

5.1.1　课程学习情况总览

对问卷分析后得知,修读过语文类校本延伸课程的人数为 48 人,占比 19.35%;这些学生修读过的语文学科"X"课程主要包括"古诗文鉴赏""文言文鉴赏""辩论""朗诵"等具体主题课程。修读过数学类校本延伸课程的人数为 47 人,占比 18.95%;这些学生修读过的数学学科"1＋X"课程主要包括"数学思维运用""TI 计算器入门""数学金融"等具体课程。修读过英语类校本延伸课程的人数为 56 人,占比 22.58%;这些学生修读过的英语学科"X"课程主要包括"英语视听说""英语戏剧电影赏析""走遍美国"等。修读过物理类校本延伸课程的人数为 31 人,占比 12.50%;这些学生修读过的物理学科"X"课程主要包括"生活中的物理现象""物理实验"等具体主题课程。修读过化学类校本延伸课程的人数为 38 人,占比 15.32%;这些学生修读过的化学学科"X"课程主要包括"废弃固态物的回收与利用""走进化学实验室""环境资源与利用"等具体主题课程。修读过生物类校本延伸课程的人数为 53 人,占比 21.37%;这些学生修读过的生物学科"X"课程主要包括"微生物传染病""上海常见生物""探索微观世界"等具体主题课程。修读过地理类校本延伸课程的人数为 35 人,占比 14.11%;这些学生修读过的地理学科"X"课程主要包括"地理拓展航拍""中国历史地理学"等具体主题课程。修读过政治类校本延伸课程的人数为 24 人,占比 9.67%;这些学生修读过的政治学科"X"课程主要包括"走近中国古代哲学家""阅读红色经典"等具体主题课程。修读过历史类校本延伸课程的人数为 46 人,占比 18.55%;这些学生修读过的历史学科"X"课程主要包括"从'国宝'中管窥中华古代文明""红色历史""上海乡土历史"等具体主题课程。修读过信息类校本延伸课程的人数为 39 人,占比 15.73%;这些学生修读过的信息学科"X"课程主要包括"计算机入门""Python""3D 打印""机器人"等具体主题课程。修读过劳技类校本延伸课程的人数为 23 人,占比

9.27%;这些学生修读过的劳技学科"X"课程主要包括"劳动技术指南"等具体主题课程。修读过艺术类校本延伸课程的人数为 32 人,占比 12.90%;这些学生修读过的艺术学科"X"课程主要包括"西方古典音乐""古典音乐欣赏""合唱团"等具体主题课程。修读过体育类校本延伸课程的人数为 60 人,占比 24.19%;这些学生修读过的体育学科"X"课程主要包括"桥牌""健美操""棒球""垒球"等具体主题课程。

从样本数据中可见,学科"X"课程在具体科目上丰富多彩的种类和贴近学生兴趣的主题吸引了大量学生参与。其中,体育、英语、生物等学科的延伸课程被学生修读的比例最高,这些学科的延伸课程最受学生欢迎。而政治、地理、劳技类学科的延伸课程修读率则相对较低,选修这些学科延伸课程的大多是在该学科国家课程中已经取得好成绩、有着浓厚的学习兴趣的学生。学校学科延伸课程在课程主题上偏向于将传统文化、地方文化与实践操作等主题相结合,这些内容既能够吸引学生的学习兴趣,也能够对学生平时在国家课程中难以针对性培养的能力、素养等形成专门化的课程培养。

5.1.2 学科"X"课程学习满意度分析

本节进一步研究学生对课程学习的满意度并进行分析。

在学科延伸校本课程质量方面,大部分学生对课程质量表示满意。仅有 5 位同学(2.02%)认为校本课程的质量较差不能够满足其学习需求。195 位同学(78.63%)认为自己学习/学习过的学科延伸课程质量比较符合/非常符合自己的预期(见图 5.1)。

在学科延伸校本课程喜好程度上,大部分学生对课程内容表示喜欢。仅有 4 位同学(1.61%)认为校本课程不能引发自己的学习兴趣。196 位同学(79.03%)认为自己学习/学习过的学科延伸课程比较符合/非常符合自己的喜好(见图 5.2)。

(%)

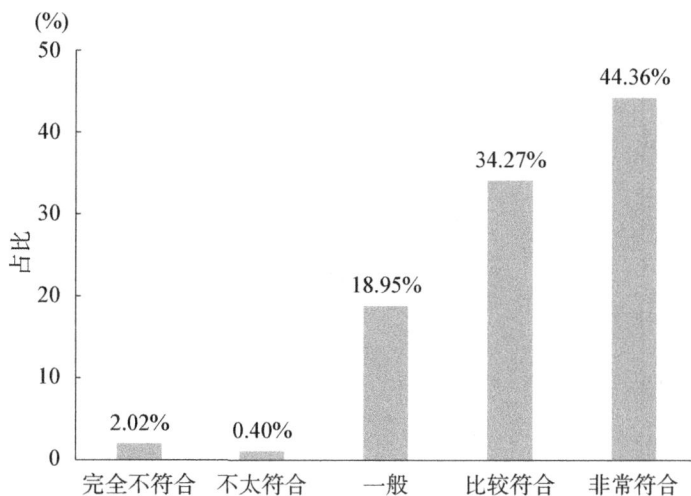

图5.1 你对学习/学习过的学科延伸校本课程质量感到满意

(%)

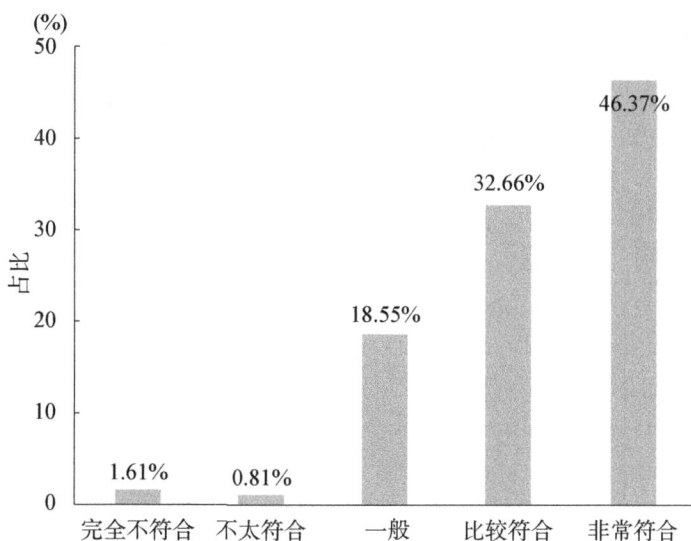

图5.2 你喜欢学科延伸校本课程

　　在学科延伸校本课程课堂氛围满意度上，大部分学生对课堂氛围表示满意。仅有4位同学（1.61％）对校本课程课堂氛围不满意。192位同学（77.42％）认为自己学习/学习过的学科延伸课程课堂氛围比较符合/非常符合自己的预期（见图5.3）。

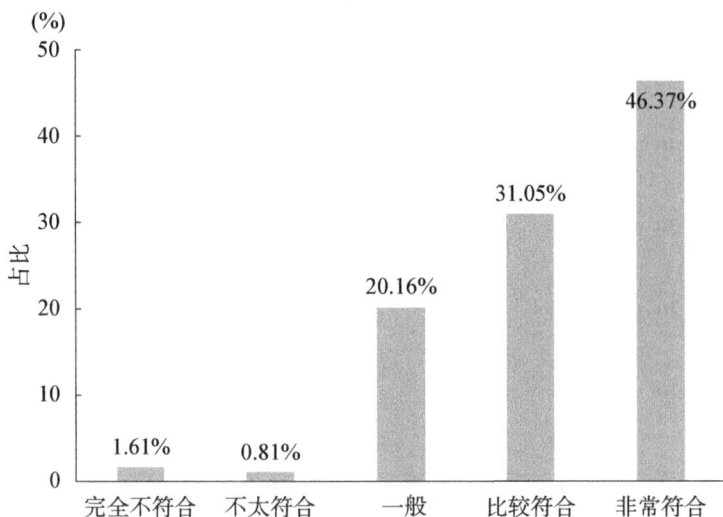

图 5.3　你对学习/学习过的学科延伸课程的课堂氛围感到满意

在学科延伸校本课程期待程度上,大部分学生对上学科延伸课程表示期待。仅有 4 位同学(1.61%)认为校本课程不能引发自己的学习期待。196 位同学(79.03%)认为自己比较/非常期待参加学科延伸课程的学习(见图 5.4)。

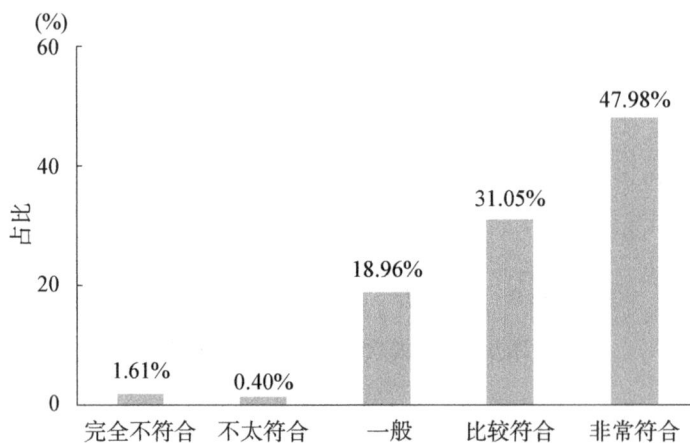

图 5.4　你会期待上学科延伸课程

在对学科延伸校本课程授课教师态度上,大部分学生对上学科延伸课程的授课教师表示满意。仅有5位同学(2.02％)对授课教师不满意。204位同学(82.26％)认为自己比较/非常满意学科延伸课程的授课教师(见图5.5)。

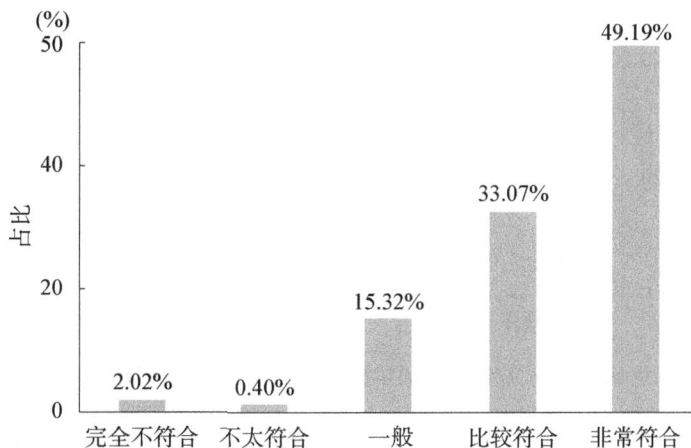

图5.5 你对学习/学习过的学科延伸课程的授课老师感到满意

整体可见,大部分学习/学习过学科延伸课程的学生对课程的满意度较高,对满意度的各项指标均给予了较高的评价。在"1＋X"课程群建设的实际发展过程中,绝大部分参与的学生对课程群持认可的态度。此外,问卷的收集是建立在研究对象完全匿名且具有充分的参与自由和参与条件的基础上,所以研究结果的真实性可以得到相对的保证。

5.1.3 学科"X"课程内容实施分析

本节进一步研究学生在课程学习中对课程内容实施的态度并进行分析。

在学科延伸校本课程教学安排合理性方面,大部分学生对课程安排表示满意。仅有5位同学(2.02％)认为校本课程在教学安排上不合理。197位同学(79.43％)认为自己学习/学习过的学科延伸课程在教学安排上比较符合/非常符合自己的预期(见图 5.6)。

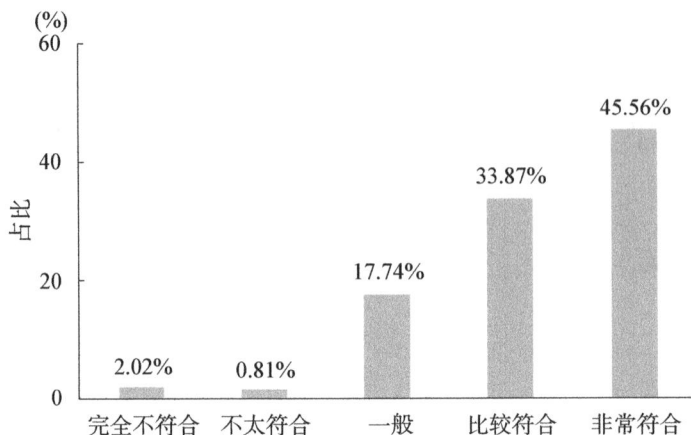

图 5.6 你认为你学习/学习过的学科校本延伸课程在教学安排上非常合理

在学科延伸校本课程主题设置合理性方面,大部分学生对课程主题表示满意。仅有 5 位同学(2.02%)认为校本课程的主题不能够满足其学习需求。198 位同学(79.84%)认为自己学习/学习过的学科延伸课程主题比较符合/非常符合自己的预期(见图 5.7)。

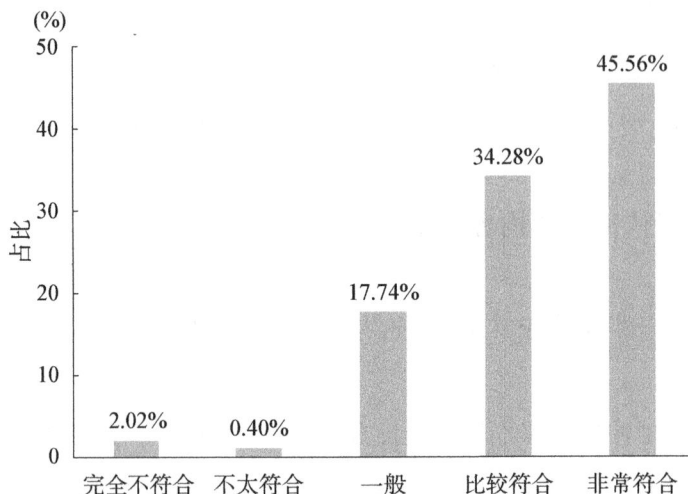

图 5.7 你认为你学习/学习过的学科校本延伸课程在主题设置上非常合理

在学科延伸校本课程的学习内容与难易程度接受度方面,大部分学生对课程学习内容与难易程度表示可接受。仅有5位同学(2.02％)认为校本课程的学习内容与难易程度不能够满足其学习需求。197位同学(79.43％)认为自己学习/学习过的学科延伸课程学习内容与难易程度比较符合/非常符合自己的接受度(见图5.8)。

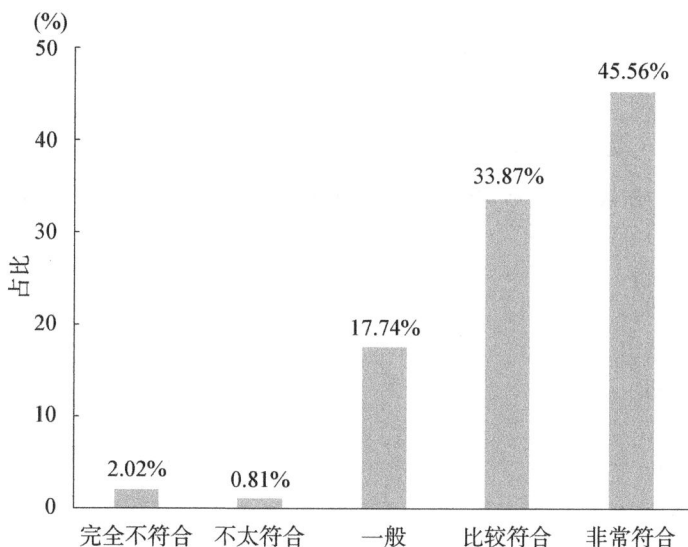

图5.8　你认为你学习/学习过的学科校本延伸课程在学习内容和难易程度上很容易接受

在学科延伸校本课程教师教学态度感知方面,少部分学生认为教师教学态度存在问题(86人),但大部分同学认为教师的授课态度是认真负责的(124人)。存在这样的反馈,可能是由于该题是逆向题,部分同学没有认真审题(见图5.9)

在学科延伸校本课程对学生额外的学习需求满足程度方面,大部分学生对课程学习对自身额外学习需求的满足程度表示满意。仅有6位同学(2.42％)认为校本课程的学习内容与难易程度不能够满足其学习需求。189位同学(76.21％)认为学科延伸校本课程可以满足自己额外的学习需求(见图5.10)。

(%)
40

34.27%

30

20   15.73%   15.32%   15.73%   18.95%
占
比
10

0
完全不符合 不太符合   一般   比较符合   非常符合

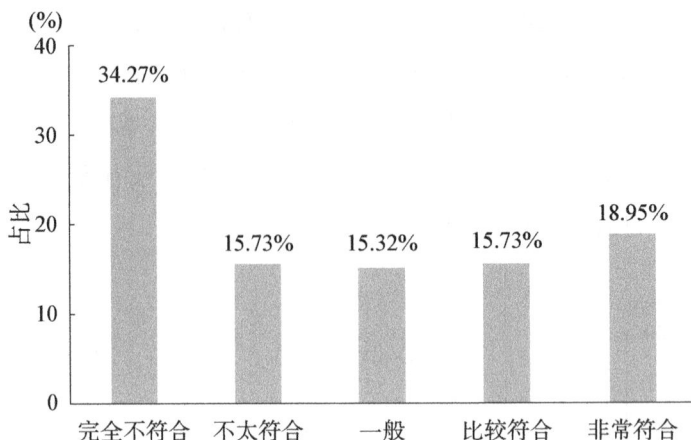

图 5.9　你认为学科校本延伸课程的任课教师对待课程教学并不敬业负责

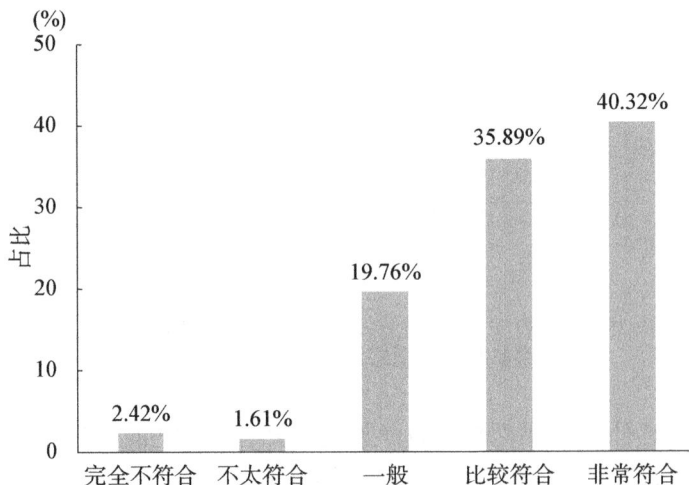

(%)
50

40.32%
40   35.89%

30

占 20   19.76%
比
10
        2.42%   1.61%
0
完全不符合 不太符合   一般   比较符合   非常符合

图 5.10　你认为学校的学科校本延伸课程能够满足你额外的学习需求

　　整体可见,大部分学习/学习过学科延伸课程的学生对课程的内容实施质量较为满意,对各项指标均给予了较高的评价。在"1+X"课程群建设的实际发展过程中,绝大部分参与学生对课程群实际教学持认可的态度。此外,问卷的收集是建立在研究对象完全匿名且具有充分的参与自由和参与条件的基础上,所以研究结果的真实性可以得到相对保证。

5.1.4 学科"X"课程学生认识分析

本节进一步研究学生在课程学习中对课程的理解认识并进行分析。

在学科延伸校本课程学习氛围感受方面,大部分学生对学习氛围表示满意。仅有 5 位同学(2.02%)认为校本课程的学习氛围不佳,不能够满足其学习需求。189 位同学(76.21%)认为自己学习/学习过的学科延伸课程学习氛围比较符合/非常符合自己的预期(见图 5.11)。

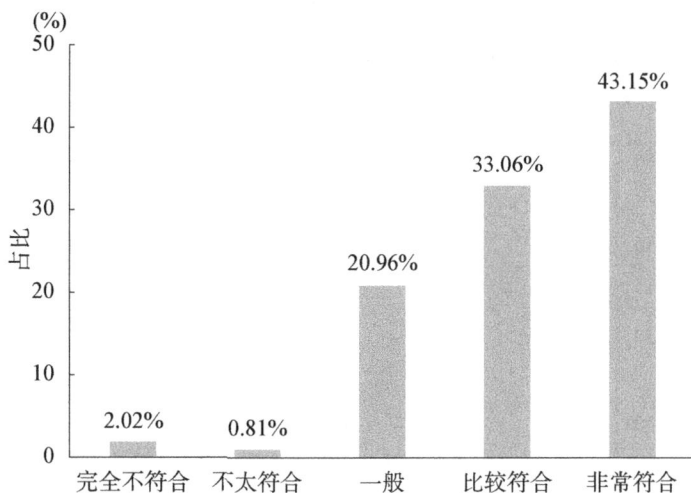

图 5.11 你认为学校的学科校本延伸课程的学习氛围浓厚

在学科延伸校本课程的学校教学重视程度感受方面,大部分学生对学校的教学重视程度表示满意。仅有 5 位同学(2.02%)认为学校对校本课程重视程度不足。189 位同学(76.21%)认为自己学习/学习过的学科延伸课程的学校重视程度比较符合/非常符合自己的预期(见图 5.12)。

在学科延伸校本课程特色感受方面,大部分学生认为学校的学科校本延伸课程很有特色。仅有 5 位同学(2.02%)认为校本课程特色化程度不足。190 位同学(76.61%)认为自己学习/学习过的学科延伸课程的特色程度比较符合/非常符合自己的预期(见图 5.13)。

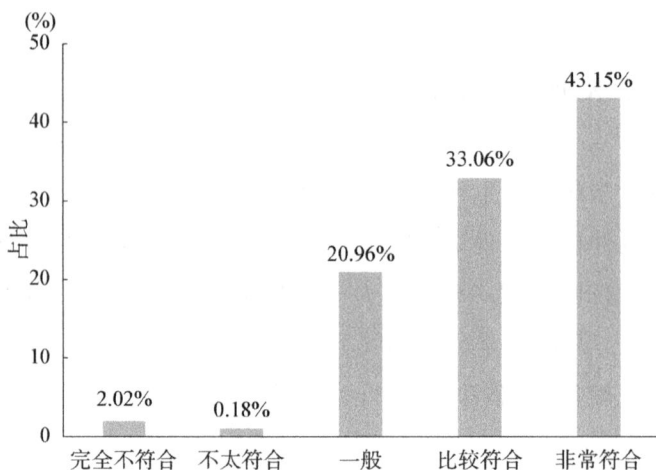

图 5.12　你认为学校对学科校本延伸课程的教学是非常重视的

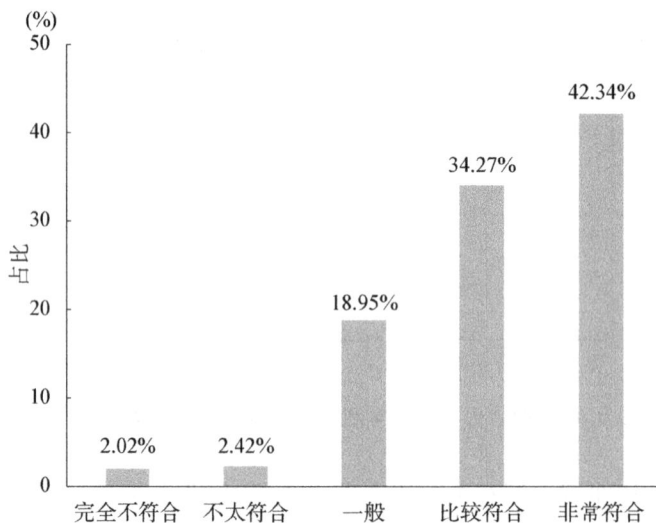

图 5.13　你认为学校的学科校本延伸课程很有特色

在学科延伸校本课程对常规学科课程的学习帮助方面,大部分学生认为学习学科延伸校本课程对常规学科课程的学习很有帮助。仅有 6 位同学(2.42%)认为校本课程对常规学科课程的学习没有帮助。184 位同学(74.19%)认为自己学习/学习过的学科延伸课程对常规课程的学习帮助比较符合/非常符合自己的预期(见图 5.14)。

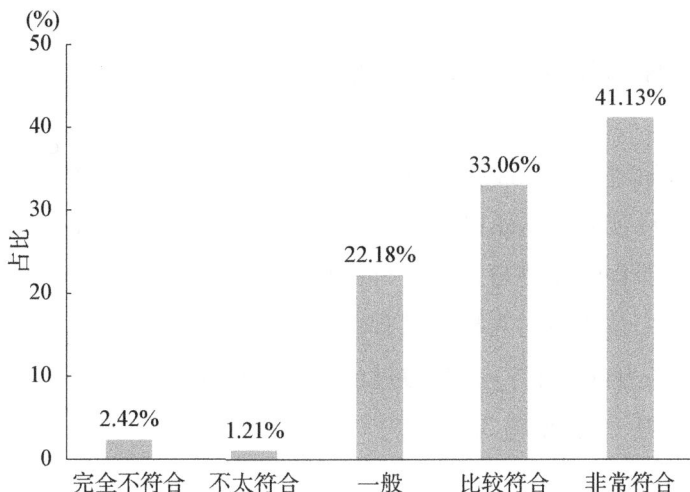

图 5.14 你觉得学习学科校本延伸课程对你常规学科课程的学习很有帮助

在学科延伸校本课程设置的主题梯度规划合理性感受方面,大部分学生认为学科延伸校本课程的主题梯度规划是合理的。仅有 6 位同学(2.42%)认为校本课程在主题规划上存在较大不足。191 位同学(77.02%)认为自己学习/学习过的学科延伸课程的主题梯度规划程度比较符合/非常符合自己的预期(见图 5.15)。

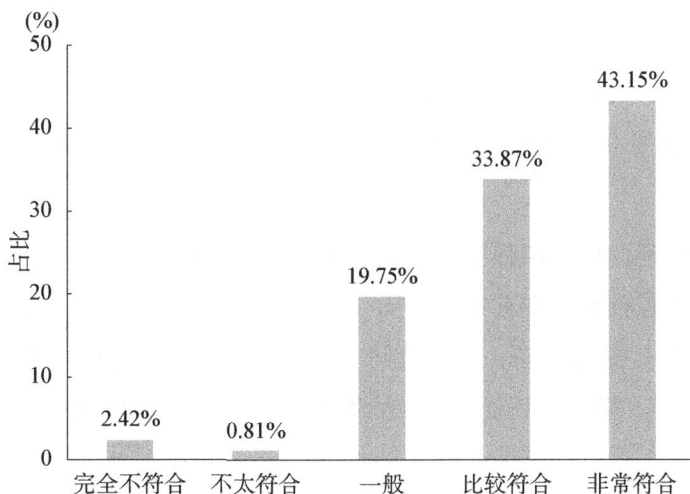

图 5.15 你认为学校对学科校本延伸课程设置的主题梯度规划合理

5.1.5　学科"X"课程学生学习行为分析

研究最后对学生在课程学习中的具体学习行为进行分析。

在对学科延伸校本课程的学习态度方面,大部分学生表示会在学习学科校本延伸课程时保持与常规学科课程学习同样认真的态度。仅有5位同学(2.02%)认为自己在校本课程的学习中存在态度问题。188位同学(75.81%)认为自己在学习/学习过的学科延伸课程中的学习态度与常规学科课程学习一致(见图5.16)。

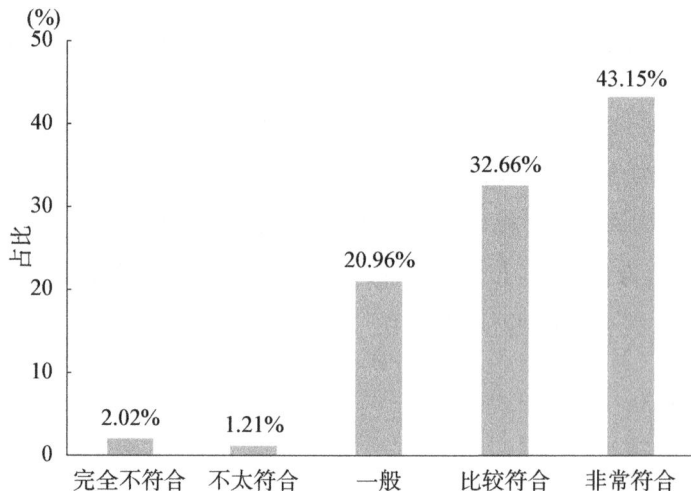

图 5.16　你会在学习学科校本延伸课程时保持与常规学科课程学习同样认真的态度

在学科延伸校本课程学习课前准备方面,部分学生表示会在学习学科校本延伸课程前作好课前准备。有10位同学(4.03%)表示自己在学习校本课程前不会提前准备。168位同学(67.74%)认为自己会作课前准备(见图5.17)。相比于其他维度,大多数同学在校本课程的课前准备行为上的积极性偏低。

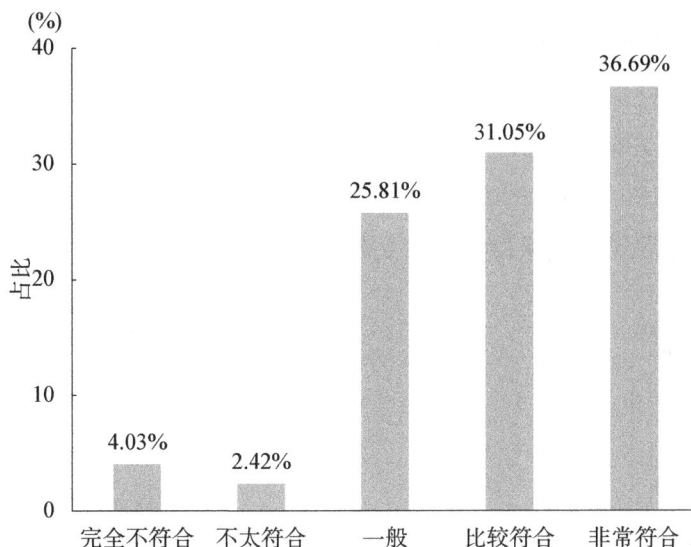

图 5.17　你会为学习学科校本延伸课程提前作好课前准备

在学科延伸校本课程学习作业完成方面,部分学生表示对课程学习的作业要求还是会保持认真完成的态度。但也有 82 名同学(33.07％)表示自己可能并不会在每次课后都认真完成延伸课程的作业。考虑到本题是反向题目,可能存在部分同学回答偏误的情况,因此作业完成态度的真实情况还需进一步深入探究(见图 5.18)。

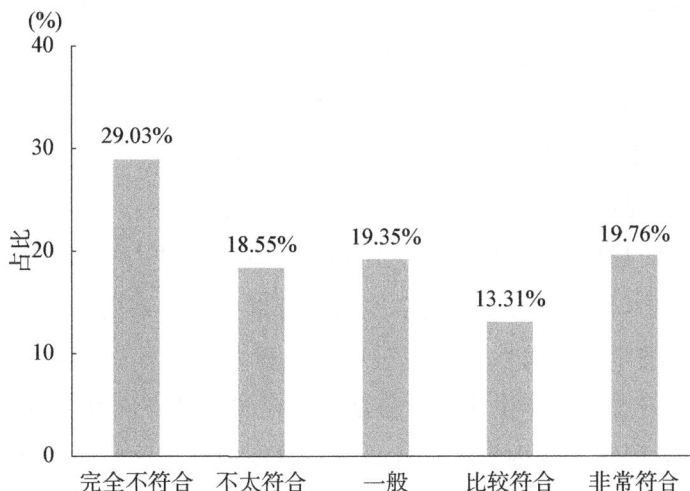

图 5.18　你从不完成学科校本延伸课程上布置的作业

在学科延伸校本课程与国家课程的学习联立方面,大部分学生表示会在学习学科校本延伸课程时保持与常规学科课程知识内容上的联立。有5位同学(2.02%)认为自己在校本课程的学习中与国家课程联立学习的情况极少。180位同学(72.58%)认为自己会将在学科校本延伸课程中习得的知识与常规学科课程学习联立起来(见图5.19)。

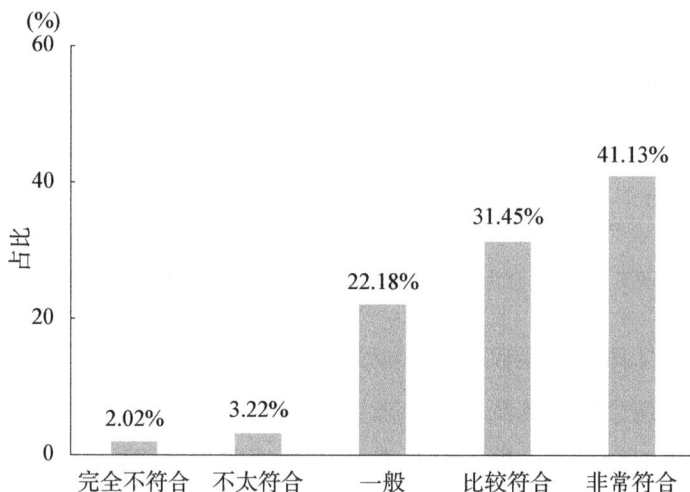

图 5.19 你会将在学科校本延伸课程中习得的知识与常规学科课程学习联立起来

在学科延伸校本课程知识的现实运用方面,大部分学生表示会将在学科校本延伸课程中习得的知识加以实践运用。有5位同学(2.02%)表示自己在校本课程中习得的知识的实践运用水平较差。182位同学(73.39%)认为自己会将在学科校本延伸课程中习得的知识运用到现实生活当中去(见图5.20)。

从调查的数据分析可知,在上海市第六十中学"1+X"课程群建设和实施的过程中,作为学习主体的学生对课程群中的一系列学科延伸课程展示出了良好的学习积极性。学生对这类课程大多持有积极的学习热情以及认真的学习态度。学生认可学科延伸课程的质量与价值,也对这类课程的授课教师、课程主题内容与形式总体满意度较高。这些研究结果和我们在前几节的访谈研究中得出的结论能够形成吻合——学生愿意参与这类

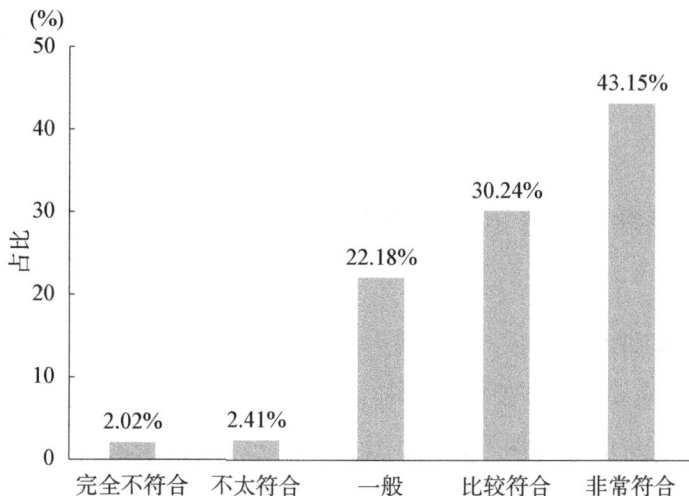

图 5.20　你会将学科校本延伸课程中习得的知识运用到现实生活当中去

课程并在课堂中表现得积极活跃,这些课程能够让他们获取积极的参与感并从中享受主动获取知识与技能的满足感。学科延伸课程的选择与学生对国家课程的态度也存在着一定的关联,学生大多会将自己感兴趣的国家课程学科因素纳入学科延伸课程选择的倾向中,这里既有对自身学习能力的考量,更有学科兴趣的驱使。这也说明学生对学科"X"课程的参与更多源于自由选择的意愿考量,其背后是学校自由的学习文化氛围的支持。此外,也正是因为这样的选择,学生在学科"X"课程与国家课程学习的结合上展示了较高水平。

　　然而我们同样关注到,学生在课余时间对学科"X"课程投入的意愿相较于其上课的积极性而言,略低。学生既不愿意在完成相应作业中耗费太多时间,也不希望为课程的学习做一定程度的准备工作。就像在第 4 章中林老师访谈结果中描述的那样,学生对于课程的态度更像是一场可以"积极参与互动+课外知识积累"的活动,而非一门专门的课程。相反,由于应试教育和相应考核制度的要求,以及国家课程学习的强制性任务等客观学习任务及其目标的影响,学生需要花费大量时间投入国家课程的学习和相应的强化训练之中,而不愿意再将他们所剩不多的时间和精力投入学科"X"课程的课后任务当中去。如何解决这一问题,值得课程群的建设者和研究者进一步思考,并寻找实际的解决方案。

5.2 课程群教学需求下的教师发展模式

学科"X"课程的开发与实施是一个高难度过程,对教师的专业素养发展提出了更高要求。需要注意的是,这种教学与教研能力的要求对于教师而言,是与常规的国家课程教学工作存在一定差异的。这种差异对于年轻教师而言格外明显。如果说缺乏教学经验与教研能力的年轻教师在面对国家课程教学的工作任务时,尚且有相应的课程标准与教材作为基本内容指导,也有大量课程资源与成熟的学校教学团队予以帮助,那么担任学科"X"课程的工作任务则更像是一场由教师自我主导的单人教学艺术。但同样的,在胜任相应工作的同时,青年教师自身也能够得到教育智慧的凝练,以及教师职业素养的高水平提升。

本节研究继续聚焦上海市第六十中学三位年轻教师的访谈。访谈对象一是心理健康学科的林老师,访谈对象二是语文学科的陈老师,访谈对象三是化学学科的赵老师。对林老师的访谈介绍在第4.2中已经予以阐述。对陈老师与赵老师的访谈同样采用了一对二问答的形式,两位老师在同一空间内使用同一在线设备接受了在线访谈,彼此之间也可以交流。访谈内容由在线录音工具予以了详细记录。访谈由双方自由协定时间,共用时35分钟。

陈老师在学校学科"1+X"课程群建设与实施工作中主要负责课程建设的教研相关工作,具有硕士研究生学历,访谈时刚满七年教龄。已经从新手教师成长为学校的青年骨干教师。赵老师是刚入职学校三年的年轻教师,硕士研究生学历,是学校化学学科的教师并担任相应的国家课程教学工作。在学校学科"1+X"课程群中,赵老师承担了一门职业生涯规划类"X"课程的教学任务,并参与了该课程从无到有的三年整体规划和发展过程。

具体访谈提纲如下。

关于学科"1+X"课程群建设实践的访谈提纲

对象:林老师、陈老师、赵老师。

主题:学科"1+X"课程群学习的教师发展。

内容如下。

亲爱的老师:

您好! 为了更好地了解上海市第六十中学学科"1+X"课程群建设的具体情况,探究课程群实施过程中的具体策略及模式,拟以"上海市第六十中学学科'1+X'课程群建设"为主题展开访谈调研。感谢您的支持。

访谈具体内容提纲如下:

(1) 您觉得在教授"X"课程时,相较于国家课程的教学,教师的哪些职业素养可能是更为重要和突出的?

(2) 您在课程群授课的过程中,在教学方面遇到的实际困难有哪些?

(3) 您在教授了几年的学科"X"课程后,感觉自己在个人能力和职业素养上获得提升了吗? 若有,具体有哪些方面?

(4) 您希望学校对您教授学科"X"课程给予怎样的帮助和支持?

在访谈结束后,研究者详细梳理了访谈内容资料,并对关键内容作了深入分析。研究主要聚焦学科"1+X"课程群教师发展的多方面维度。

5.2.1 教师课程开发能力的提升

课程开发能力的提升对于学科"X"课程的授课教师来说是被提及次数最多的职业能力素养内容。三名青年教师从不同的角度讨论了自己在这一方面的成长。

林:"在我得知自己能够上学科'X'课程的时候,特别开心,因为终于可以有这样一个机会,让我可以去上自己想上的课了。在没有开设这个拓展课程之前,授课都是要遵循一些课程教学的固定要求的。比如都要按照教材上的一些固定的内容去设计课程。现在我就感觉我的教育理想能够在'X'课程这里得以实现。当然在实际授课的过程中,我也确实遇到了很多的困难,特别是在具体的课程设计当中我经历了一个从摸索到成熟的过程。这对我来说是非常有意义的事情,也是我能力成长的一个证明。"

陈:"课程设计能力对我们来说确实是一项挑战。例如在课程的评价设计方面,国家课程的评价跟'X'课程的评价,在我看来是完全不一样的。国家课程这一块的学习评价其实有比较明确的依据和标准,比如我们语文学科,课标当中就有非常明确的学业质量评测的等级,而且分得特别清楚,所以我们自己在课堂活动中,在做学生评价的时候也会参考那个依据。但是学科'X'课程评价的内容则可能是更侧重某一个方面,它没有比较明确的标准,这就使得我们在课程设计和开发方面很容易陷入困惑。每一位教授学科'X'课程的教师都经历过这么一段时期,并在这些经历上得以成长。"

赵:"我想对我来说提升最大的可能就是课程开发能力。就是因为'X'课程,它没有一个模板,教学材料也没有,都是需要老师自己有这方面的兴趣特长,然后基于这个兴趣特长慢慢地对整个课程的流程有一定的了解,才能开发出一个基本的课程模型。而如何才能慢慢地去实施、不断地去完善这门课程,这个能力并不是所有老师都拥有的,或者说很多老师也是在实践过程当中慢慢积累起来的。此外,尤其对于理工科来说,开发一门学生感兴趣、能学会,并且学校硬件配套设施支持的延伸课程,确实是非常大的困难和挑战。"

从三位老师的回答中可以看出,他们都在教授学科"X"课程的教学过程中不断发展提升了自己的教学课程设计能力。当然,这些教师对待这一份经历的态度是存在差异的,相比于其他两位老师,林老师在课程教学能力发展的过程中态度显得十分积极,这种差异来源于其本身在就职之前在大学里就读的是师范专业,林老师在课程设计的具体思路和方法上具备基本的技能,因此她在课程设计的过程中更加得心应手并将其视为"落实教育理想"的精神享受。相比之下,陈老师和赵老师则对学科"X"课程的开发报以更加紧张严肃的态度。两位老师都在课程设计的过程中不断地自我思考,最终才摸索出了合适可行的教学方案。并且赵老师认为这项工作对于部分老师来说可能是难以胜任的,一部分老师则需要经过一段时间的实践探索和积累后才能够逐渐具备基本的课程设计能力。此外,由于理工科独特的学科性质,对学生学习能力以及学校教学条件的考量同样对于该类学科的青年教师而言是非常大的课程开发难题。

5.2.2 教师学科知识体系的思考和重塑

教师在教授"X"课程时对所教授学科体系的重新认识与思维重塑,是教师寓教于学过程中得以进一步发展的职业素养。这样的发展源于教师在教授学科延伸知识的过程中,对相关知识体系的进一步认识引发的思考。这种思考对于教师的学科基础知识掌握和理解有着重要的发展价值意义,也能够迅速助力其职业素养综合水平的发展。

林:"在课程教学的过程中,我不断尝试通过这个'X'课程,把我认为对个人发展有用的这部分知识传达给学生,我在不断的课程设计摸索中把我在大学期间所收获的知识体系与中学的课堂教育之间的隔墙给打通了。这种教学模式一方面是给了自己很多成长和思考的空间,另一方面对学科知识体系和我教育理念上的思考深度也有了很大提升,此外这种独特的教学模式也特别适合我去做一些科学的研究,包括去做一些更深入的思考,这一部分我觉得对于一个新老师来说,太需要一个思考和成长的空间了,而这个学科'X'课程的教学工作给予我很多这样的思考和成长的机会。"

郑:"就我本人而言,因为我讲授的课程本身形式比较特殊,这一点是我们的优势,它同时也是一个市级项目,主讲化学环境和资源这块。然后我自己在大学期间学的专业虽然也是这一方面的,但是在大学时,学科划分到一、二、三级,环境科学属于化学的下一类,只是交叉学科,我本身对于这个方向是有一些陌生的。那么,我拿到了这个配套开发课程之后,第一直观感受就是这个东西放在高中肯定是没有办法实施的。包括它所需要的实验设备,连基础知识理论其实都是不适用于高中生的。为了能够教好这门学科,我就只好自己再去学习这方面的知识。相当于我一边自己在学这个新的知识,一边根据我的主观感受去调整授课内容,然后纳入具体的课堂教学。我知道学生大概有哪些学科基础,然后好一点的学生大概能到什么程度,那么我再去调整相关的学习内容。其实我一边调整,也一边去学习新的内容。所以这个东西对于我来说也算是毕业以后,对大学所学知识的新一轮的重构学习,我也在这个过程中对化学学科有了更加深入的理解。"

从两位老师的回答中我们可以看到,在教授具体的学科"X"课程的过程中,教师自身也将面临需要不断学习发展的真实处境——对于所要教授的课程来说,这些课程主题的知识内容对于教师而言也不是完全掌握的,甚至可能是一些完全没有学过的知识概念。这种压力迫使教师必须要自主完成相应知识点的学习,并能够对这些知识点达到熟练掌握和融会贯通的程度,才能够将其纳入课堂教学当中。这对教师来说同样也是一种自我学习的挑战,通过这样的途径,教师在不断的自我学习和实施教学过程中对学科知识点产生新的认识,从而实现了对整个学科知识体系的思考与重塑。

此外,诸如教学管理能力、学生学习引导能力、多元化教学方法掌握、合作教研能力等多项教师职业素养的提升,都在访谈研究的内容中予以提及。虽然这些能力的提升对于教师而言可能是不成体系的零碎式成长,然而在教学年份的加持与积累下,必然会对教师的职业综合素养产生潜移默化的影响。而如何综合地对这些教师专业成长中的利弊进行剖析,则成为"1＋X"课程群建设值得进一步研究思考的方向。

5.3 落实全面而又有个性的办学理念

落实全面而又有个性的办学理念,是上海市第六十中学一贯秉持的治学态度。这样的理念在学校"1＋X"课程群建设中也得以部分展现。对于上海市第六十中学而言,"1＋X"课程群仅仅是学校"全景式课程"体系当中的一个组成部分。而作为一项子项目,"1＋X"究竟在学校相应的育人理念中扮演着怎样的角色,则是研究期望进一步探索的内容。事实上,在全书的理论研究部分,我们已经对"全景式课程"与"1＋X"课程群之间的关系做了详实的阐述,两者在育人思路上是一脉相承的,"1＋X"课程群只是为了实现学科教育的素养延伸而设置的教学产物。这样的课程群有其自身的育人优势,例如能够更加有针对性地对学生某一项特殊的学科素养进行专门化培养,抑或关注那些在国家学科课程中被忽视或没有得到足够重视的学科素养成分。然而,对于学校而言,将育人工作与基础学科进行严格的绑定虽然能够保证学生基本素养的培养,却难以真正落实素养发展的全面性与个性化。例如,学生对于生活中常用的法律法规学习的需求、对于职业规划能力掌握的需求等,这些内容很难作为一门高中阶段的学科延伸课程进行具体教学,这也是学科"1＋X"课程群难以涉足的教学领域。因此,我们的研究期望进一步了解,学科"1＋X"课程群与学校落实全面而又有个性的办学理念之间的现实关联。

在本节中,我们继续对4.3中对郑老师进行访谈得到的质性材料予以进一步分析。

郑:"学校的'1＋X'课程群,实际上是我们'全景式课程'群组当中的一个重要组成部分。那么我们整个'全景式课程'是包含多类课程和课程组的,它致力于培养学生的一些关键能力和必备品格,其中包括学习实践能力、领导力、创新能力等。这些关键能力其实和我们学校的育人目标指向是非常切合的,因为我们学校的育人目标在课题研究的'十三五'期间,是为每一位学生提供促进学业进步和个性化发展的生命成长环境,同时也明确了对人格健全、基础扎实、创新进取这一系列的人才培养定位。所以我们的'全景式课程',就要致力于这些学生品格和能力的培育。借助'1+X'课程设置实施推进,为这些必备品格的培育打下一个坚实的基础,两者我觉得是高度吻合的。"

研究者:"那课程实施的时候,有没有具体的方案呢?针对不同学生的素养发展个性化需求,您刚刚说的很多方面,包括领导力、实践能力等,我们在培养的时候,是根据具体的'X'课程相对应的能力进行培养,还是采取了一个更加全面化的培养方式呢?

郑:"这个'全景式课程'毕竟是一个比较大的课程群组概念。在'全景式课程'里面,本来就包括了'1+X'课程群、专题教育的系列课程、兴趣发展的系列课程和实践体验课程,这些大门类的分支课程,共同支撑了刚才我们所说的学校育人目标的达成。'1+X'课程群是刚刚我说的四大课程当中的一个重要组成部分,关于这个课程的知识教育,在进行课程设置的时候,主要还是以我们学科课程为主,往外进行教学内容的延伸和扩展。这种延伸和扩展的内容会涉及刚刚讲到的这些关键能力的方方面面,但并没有进行专门化的设计——指向素养教育设置。因为我们觉得高中学生的基础学科课程,对于综合素养的提升,还是能够起到基础的奠定作用。在这样的基础上,去搭配其他的一些专题、兴趣、实践的课程来作为完整的学科教育体系,从而通过学科'1+X'课程群实现综合能力培养。"

从郑老师的回答中,我们可以发现,"1+X"课程群在学校的整个育人体系中,更多的是扮演着学生品格和能力发展的基础教育角色。学生需要通过一系列的国家课程以及学科延伸课程获得基本的发展和未来生存的基础保障。这种保障涉及了人格、品德、知识、价值观等多个不同的维度,却又仅仅扮演了一个更加基础的教育角色,以保障学校的每一位学子能够在毕业前在各维度上获得一个顺利成人、走向更高领域学习的基础素养。这种教育理念通过"留白"的方式,给予合理的引导,对于更加具体的学科"X"课程而言,学校仅仅期望通过这一类课程使得学生对这些学科延伸内容有一个基本的理解和认识,从而帮助学子思考和选择自己未来发展的方向——而非强制性、针对性地要求学生必须掌握某类知识或某项技能。而具体的教育留白空间则给学生在进入高等教育后进一步深造发展留下空间、潜能和志向。

学科"1＋X"课程的素养教育理念凸显出的特点是整体化和全面化,而非一种"针对性＋精英化"的特殊人才培养理念。它的核心思想在于考虑到了全校每一位学子的现实生存和发展需求,对于学生而言,在高速发展的现代社会,于高中阶段学习过多的专业化技能的意义可能并不大。相反,培养学生终身学习的理念和能力,才是推动上海市第六十中学实施学科"1＋X"课程群的现实目的。全面,是这种教育理念的基本思想。它包括学生个体的全面发展和全部学生的综合素质达标两个维度。对于学生个体来说,虽然在高中阶段便掌握一定水平的专业化技能对其未来的专业学习发展有一定的助力,但带给这个学生更加多元化的素养提升可能,才是学校更乐于看到的。例如,锻炼数理化水平优异的学生基本的语言表达能力与社会价值理念,或对爱好文史类学科的学生进行基本的逻辑思维与计算思维能力培养,以弥补其短板部分,并使其在未来的发展过程中不被某方面的能力缺陷带来严重的影响。而对于全校学生而言,这种全面化的教育理念则有着更具情怀的现实意义。虽然它确实可能对极少部分专才、天才的培养不利,但其切实地照顾到了全校大部分学生的真实需要。这种基于教育公平理念和充满教育人文情怀的全面且个性化的教育方式,值得以普通高中为代表的国内各阶段育人单位学习和思考①。

---

① 卢臻. 核心素养视域下,高中教育发展道路求索[J].基础教育课程,2018(14):24-29.

6 学科"1+X"课程群建设的经验与展望

在本书的最后一章,我们期望通过总结学科"1+X"课程群建设的理论研究成果,探索中小学校在准备与实施"1+X"课程群过程中的可行架构及其运行机制,同时梳理其在具体实施和发展过程中可能存在的困难及有效解决策略。研究期望从上海市第六十中学在开发与实施学科"1+X"课程群教学的现实案例出发,梳理课程群建设的实际经验,并对未来作出展望。

在前文中,我们就上海市第六十中学学科"1+X"课程群建设的理论总结与实证研究进行探索,对课程群与学校育人理念和办学宗旨之间的关联予以了简单阐述。这些阐述更多是基于学校对学科"1+X"课程群实际建设过程中的经验总结,能够真实地反映课程群建设的实际情况、现实挑战与解决策略。但这些反应往往和理论研究中严谨扎实的教育构想有着一定的差异,并且在某项领域可能与课程设计者的想法背道而驰。我们有趣地看到,虽然学校领导层对课程的设计进行了总结性的指导和实际学校资源的倾斜支持,然而学校教研组和管理层在课程的具体设计与实施过程中仍然存在着大量的现实困难。无论是课程设计本身的难度限制,还是师资教研力量水平带来的巨大压力,抑或人力资源方面的管理困难,学生接受度与学生素养发展之间的取舍与平衡,这些问题与矛盾在上海市第六十中学"1+X"课程群建设的设计和实施阶段以不同的形式暴露出来,但在学校各级管理层与教研团队、一线教师的共同努力与协调下,最终以各类形式得以解决或得到一定程度的缓解。而到了最关键的课堂教学落实环节,即使学科"1+X"

课程素养育人教学目标的落实在现实课堂教学中存在多样的难处,但不可否认的是,学校全面而又有个性的教育理念仍然在以多种形式在"1＋X"课程群的国家课程教学与学科延伸课程教学的课堂中真实渗透了。除了学校各级部门共同努力的结果外,一线教师为此付出的精力与心血同样功不可没。以化学学科为例,研究样本中的郑老师及其背后的教研团队在化学学科"X"课程"环境资源与利用"的设计、实施与管理评价中面临着教研专业水平不足、劳动分配不够科学、教学实验设备短缺、学生学习质量难以统一等一系列现实问题,然而,在郑老师、教研团队、课程群管理层的共同努力下,课程逐渐从原本内容单薄的普及化教育,转向有深度、有意义、有内涵的跨学科实践课程。部分真正对学科内容感兴趣、有能力的学生得以实现学科素养的高质量发展;而部分不适合课程主题、无法适应课程内容与节奏的学生,则可以在灵活的选课制度中重新找到适合自己的学科延伸课程。虽然这样的现实可能与学校领导层原本的课程群设计理念存在出入,但其却以另一种更为科学且更为可行的教学实践路径落实了学校建立学科"1＋X"课程群的初衷——每一位学生都能真正地在素养教育发展的过程中找到适合自己的个性化道路。

本章试图将学科"1＋X"课程群的教育理论与学校"1＋X"课程群建设的实践成果予以结合,以总结性的视角重新审视学科"1＋X"课程群的内在机制及其成效。并从学校视角出发,讨论实施学科"1＋X"课程群建设的现实收获及其可行性与推广性。在此基础上对未来学校课程建设的发展变革予以相应的展望。

6.1 学科"1+X"课程群建设的育人成效与经验

在之前的章节中,我们已经讨论了课程群建设在育人上的多维目标。然而这些目标更多是基于课程设计者和学校领导者的顶层设计思维。在第4、5章中,我们已经能够从实证研究的结果中发现,课程群在实际实施过程中出现了育人成效上的变化。我们需要从客观的视角对这些结果进行整理。

6.1.1　全面育人与个性化教育的结合探索

对于单门课程而言,落实全面育人与素养教育的理念虽然对于诸多教育人而言是教育理论研究中常见的育人目标,然而当我们真正试图将其落实到一线课堂教学当中时,所遇到的现实总是和理想背道而驰。对于授课教师及其背后支持的课程教研团队来说,在一门课程甚至是一堂具体的课时中同时实现这样宏观的教育目标,确确实实存在着各式各样的难度[①]。且不论课程群建设背后所需的经济、管理、政策等维度的支持问题,即使单以教育学的角度剖析该理念的课程实践落实如何实现成效,都需要教育者和教育研究者发挥十足的教育智慧。

全面育人的理念包含两层深意。其一是育人的平等全面性,指对学校所招收的所有学生予以全方位的教学育人工作,这意味着学校应当平等地对待每一位学生并给予适合其发展的学习环境与教学支持。由于学生个体的差异性带来的学业基础、学习兴趣以及学习能力差距,学校需要对不同的学生采取因材施教的培养策略,才能够真正地实现全面育人的教育理念。其二在于学校对学生个体的全面化培养,意指学生能够在学校得到个人多个维度上的全面化发展,如在德智体美劳等多个领域得到全方位的培养,并在学校的教育培养下实现多维培养方向的相应教育目标。在常规的中学育人工作中,由于教学条件的限制、教育资源的匮乏以及社会人才选拔制度的制约,全面育人理念无论是在育人的平等全面性,还是在学生个体的全面化培养上都难以实现。例如,当一名教师面对几十名学生实施课程教学工作时,很难实现对每一位学生的学习需求都予以个性化的满足——同一堂课程对于部分学生而言可能内容过于简单、节奏过于缓慢;而对于另一些学生而言则可能内容过于深奥、教学节奏过快。在这样的背

---

① 周文叶,崔允漷,刘丽丽.学校课程规划方案质量的实证研究——基于Z市初中学校课程规划方案的文本分析[J].全球教育展望,2016,45(09):53-61.

景下,选择适当的教学内容与教学进度,以适应班级大部分同学的学习需求,是授课教师在实施教学工作时无奈的最优选择。然而这样的优选则是建立在少部分学生的学习需求无法得到相应保障的前提下的。又如,在一些教学资源匮乏、教学条件简陋的乡镇中学,在其严重匮乏基本的教学环境与设备的条件下,实施合理的体育、美育教学是极难实现的任务,这样的困难也使得学校对学生个体的全面化培养难以落实。再如,当中考、高考等人才选拔制度在具体的考核内容与形式上存在一定的片面性,例如轻视体能素质、忽略实践能力考查、仅采用笔试方式选拔人才时,相应的学校教育也将不可避免地落入由教育功利化带来的片面教育怪圈。这些困难都对学校全面育人理念的实施带来了挑战,也真实地反映在各级学校课程实施的现实教学场景中。

在样本校上海市第六十中学"1＋X"课程群的具体建设过程中,全面育人与素养教育的实践困境真实地存在着,并使得学校的育人理念与实际教学工作思路时刻存在着各种矛盾的碰撞。在部分教师的访谈内容中,我们深刻地体会到了这种来自课程群建设中的理念冲突,感受到了他们在实践中遭遇的尴尬处境。例如,学校领导层朝向全面育人的理念不断推进,但又不得不面对学校需要在学生毕业高考录取成绩上取得佳绩的现实社会压力;青年教师试图将自己的教育情怀与教育理想实施在具体的课堂教学过程中,却因为学生水平的限制以及考评机制、课程内容的导向,不得不向应试化、机械化的教学体系低头;延伸课程的教师付出大量的时间精力投入课程的建设和开发工作中,又不得不直面这些繁杂的工作难以被学校管理部门量化承认并予以相应劳动报酬的现实。然而,在学校领导层、各级部门与基层教师的共同努力下,共同育人的目标使得"1＋X"课程群的实施在逐年的发展中不断优化,并形成了如今体系化、规模化、科学化的实际运作机制。在这个机制中,以国家课程为主导的课程体系,保证了学生全面发展的基本属性和面对现实人才选拔的发展需要。而越来越丰富的学科延伸课程群组则进一步在国家课程体系的基础上锦上添花。与常规的校本课程不同的是,这些学科延伸课程,其本质是学生素养培育的进一步深化。教师根据学生的成长需求,在国家课程的学科基础上进一步开设延伸课程,也根据学生各方面的选择和学习反馈及时优化、调整、增补或取消课程。这样的课程建设思路既打破了传统校本课程建设中的固定课程内容开发思路,也以教师、学科、学生三重选择的机制避免了普通学校中由选课机制带来的课程唯学生思维导向倾向。我们仍以实证研究样本中教授化学学科延伸课程的郑老师为例,学生的兴趣导向和课程学习基础、学习难度的限制,部分学生存在着不能够继续跟进课程进度,不能够进入更高阶课程学习的情况,教师的做法是在坚持课程质量的基础上引导这部分学生选择更适合自身发展的课程进行学习——这样的理念与常规的国家课程实施理念有着一定的差异。但不可否认的是,鼓励学生选择适合自己的方向进行学习和发展,何尝不是个性化发展的另一种表现和因材施教理念的现实可行策略呢?而支持这种个性化发展与因材施教理念实施的基础,除了学校各级部门与授课教师在教育理念上的一致外,由成熟的"1+X"课程群提供的现实课程学习选择则真正成为全面育人与个性化教育发展得以实现的现实保障。

6.1.2 "1+X"课程群建设实施的育人成效

在样本校上海市第六十中学"1+X"课程群实施的六年中,从实践研究的视角审视,其真实的育人成效主要集中在三个方面。第一,整合了国家课程教育与校本课程教学之间容易产生的育人导向对立,建立了国家课程与校本课程融合育人的课程群机制;第二,建构了人才个性化发展与全面素养教育的课程教学机制,保障学生在全面发展的基础上得到适合自身发展的素养提升;第三,理清了中学人才培养育人思路,将学科素养教育与中等教育实现科学结合。在前文中,我们已经对"1+X"课程群实施的第二方面成效进行了详细论述,因此在本段中,我们将结合实践实例讨论第一、三方面的育人成效。

在理论研究中我们讨论过传统中小学课程发展中,虽然各个学校对校本课程的具体建设和实施都抱以各式各样的人才培养理念,然而如何处理好校本课程和国家课程之间的关系成为绝大部分学校难以妥善解决的难题。在具体的发展上,一些学校将校本课程主题和内容完全设置成国家课程的补足内容,使得校本课程成为国家课程主题与内容下的提高班、习题课和实验课。这些举措虽然能够将学生在校本课程与国家课程学习上投入的精力与时间予以完善调和,却使得校本课程与国家课程主题内容过度相似,甚至难以与国家课程存在实质区分。在实际授课过程中,出现了国家课程讲知识点,校本课程讲习题、做考卷的教学怪圈,使得校本课程与其设计初衷背道而驰,无法实现其独特的育人价值。除此之外,一些学校则将校本课程主题内容与国家课程主题完全切割,使其能够更好地适应学生学习兴趣或对应地方文化教育需求,例如各类动漫课、茶艺课等。这样的课程虽然能够对应校本课程特殊化的育人导向理念,却容易过度侵占学生的学习时间与精力,影响学生国家课程的学习投入与成效。同时这些课程在教学内容上并没有与学科国家课程产生紧密连接,而是对国家课程所涉及的主题领域进行进一步的拓展。而"1+X"课程群通过对学科国家课程的主题进行进一步延伸,建构出了独特的学科延伸课程。

从实践教学中我们可以发现,与理论研究中以学生兴趣为导向的"X"课程设计规划不同,学生面对延伸课程的学习选择往往具有更加多元化的选择考量角度。我们看到,与低年级学生不同,高中学生在课程选择和学习上有着更加理性的思考。学生更多基于适合的倾向进行理性选择,而非单纯地考虑学习兴趣因素。这些适合的因素可能包括自己的学习基础、学习水平、课程内容价值等综合维度。学生会根据这一系列的因素考量课程是否适合自己,以及自己是否能够从课程学习中获得学习质量与成效。整体上而言,在学校的成才教育培养中,通过更加多元化的课程设置和高质量的延伸课程内容,个性化的成才培养在学校、教师的引导下更加趋向于帮扶学生理解自身所长与所需,成为更加契合学生个体学习发展的个性化培养课程体系。这种个性化发展的理性化意识培养,与知识积累或实践技能的增长具有同样重要的意义与价值,甚至于更像一场潜移默化式的专业规划教育。在延伸校本课程中,学生能够结合自己的学习情况与学习能力,在更为宽广的学科视角下,对对应学科知识技能的理论体系与运营范围产生更加深刻的理解,并将这种理解与自身需求和条件进行了认真的契合性思考,这对于学生的未来发展有着重要的影响意义。相比于在中学毕业后,面临更加专业化的高等教育学习专业方向选择,以及未来个人职业规划可能出现的迷茫与困惑,学科"1+X"课程群能够在打好学生发展基础素养的前提下,引导学生对个人专业发展和职业规划起到有意义的思考和尝试,从而真正地实现有意义、长效化的个性化发展。

"1+X"课程群实施的第三方面育人成效在于能够理清中学人才培养思路,将学科素养教育与中等教育实现科学结合。事实上,随着国家对于人才培养的重视,基于素养发展的人才培养策略逐渐成为学校教育育人目标的主要内容。对于高中教育尤其是高中国家课程教育而言,学科素养育人逐渐成为学校人才培养的核心思路。然而,国家课程的学科素养在内容范围上更多代表的是全面化的素养普及教育,旨在培养学生在接受完基本的国家学科课程后获得数个核心素养的发展。然而,学生对于"非核心素养"的学习需求同样值得被关注。这些"非核心素养"并不是"不重要的素养",对于学生而言,其素养需求可能是多元的。以数学学科为例,抽象思维、逻辑推理、数学建模、直观想象、数学运算、数据分析六大核心素养共同支持着学生数学学科的学习。这些数学核心素养成分能够保障学生未来生存和发展的基本需求,却在学生的个性化与专业化发展上仍然可能存在一定的不足与遗漏。例如,对于想要在未来从事计算数学、计算机科学等专业领域工作的学生而言,数学学科计算思维素养的培养便显得尤为重要,而学科"X"课程便是提供这些特殊的学科素养教育的最佳方式。

6.2 学科"1+X"课程群建设的学校改革探索

虽然学科"1+X"课程群合理设计了课程架构及其背后的工作机制,

然而在具体的实施过程中,学校还是遇到了种种困难。所幸的是,在学校领导层、各部门及授课教师团队的共同努力下,这些困难都被合理地解决了。在本节中,我们期望根据这些实际问题进行对策分析,从而探索中等学校在实施学科"1＋X"课程群建设过程中的改革策略。

6.2.1   领导层的思想引领与管理层的支持

学校领导层是主导学校整体工作的总指挥,在具体的课程建设过程中,其对具体工作的思想态度往往决定了工作具体实施质量与实施成效,也够对学校各级部门和成员产生引领性的影响。在上海市第六十中学的实际课程群建设实施过程中,学校领导层除了对相关工作的支持和指挥外,对课程群建设理念的引领显得格外突出。无论是学校管理层,还是教研组一线授课教师,各级人员对课程群相关工作精神的理解和认可都能够对其具体工作的时间、精力投入和工作态度产生直接影响。而在实证研究的成果中发现,虽然各级部门在课程群建设与实施的过程中都面临了来自各方面的现实困难,然而各部门对课程群建设的支持与理解都展示出了较高水平,这些理解和认可能够助力其在面对现实的困难时拥有较高水平的工作效率和问题解决态度。正是这些价值观属性使得课程群中的每一个个体和组织为课程群的顺利运行齐心协力,并且在预想的运行机制出现问题时能够迅速制订出相应的解决方案并予以执行。我们必须认可的是,这种由领导层的思想引领带来的价值观影响是深层次的,它需要深厚的教育情怀与理想,也遵从基本的教育情感逻辑。例如,访谈中的林老师和郑老师,虽然他们对待所需教授的学科"X"课程在态度上存在一定的差异,但他们仍然毫不怀疑地认可学科"X"课程的重要价值,并愿意投入相应的时间和精力到课程的设计和教学中。即使这些课程的课时可能不能和国家课程课时一样计算在他们的课时数和工作量内。相应的,学校管理层的实际支持则为这一思想与情怀的实际落地和发展提供了相应的保障。学校的各个学科教研组同样将学科"X"课程的设计与实施视作重要的工作内容,并投入了大量的教研成本与精力以考核其水平。同时,为应对学校具有高水平教研能力的教师数量不足的现实困难,学校人事处在近年来的教师招聘中也做出了相应的人才考核指标调整。以招聘应届生教师岗位为例,学校人事处逐渐提高了招聘应届师范生比例,并对其学科教研能力做出了相应的要求。这与往年盲目追求名校、高学历人才的学校教师招聘导向存在明显差异。近两年来,学校管理层也多次重新制定包括学科"X"课程在内的各类校本课程教师授课的课时量标准及其奖励机制,为授课教师的工作价值提供了实质性的保障和回报。此外,还数次邀请课程专家来校指导课程群的建设与实施工作,努力实现学科延伸课程设计的规范化与科学化,由此为学校"1+X"课程群的建设保驾护航。

6.2.2 教研团队与教师个体的联动

作为课程群实施的基本单位与基本保障单位,教师个体和教研团队在课程群设计与实施的过程中共同发挥着重要的推动作用。在理论课程框架中,教师个体和教研团队在"1+X"课程群建设中属于传统的上下级关系,教研团队是教师个体实施教学行为的指导者和监督者。而在实际的教学过程中,虽然在国家课程的教学中这样的上下级关系仍然存在着,尤其在青年教师群体中普遍存在,然而在"X"课程群的设计实施工作中这样的关系产生了微妙的变化。

在常规的中小学课堂教学中,由于存在着标准化的课程大纲支持以及相对固定的人才选拔考评机制标准,具体课程实施的形式和范围往往具有较大的局限性、固定性、可模仿性与可重复性。局限性指教师授课时难以更改与延伸知识内容和教学策略。固定性指教师实施课程的环境、对象、学科、评价等要素要具备长时间的稳定不变属性。可模仿性指同类课程中教学形式、教学方法、评价策略等能够通过模仿的形式实现迁移,并能够实现相应的教学成效。例如新教师在旁听多节老教师授课后,逐渐学会老教师的教学策略,提高了自身教学水平。可重复性是指同样的教学策略、教学思路和教学方法能够重复使用,例如教师可以将一元一次方程的教学思路和方法顺利迁移运用到二元一次方程的教学当中。又如高中教师在带完一届学生后又可完美重复同样的教学策略教授新一届学生。这些属性导致教师的经验价值在教学中显得格外重要,而学校常以学科组为单位建构的教研团队,很大程度上也都成为老教师指导、帮扶年轻教师的基本教学单位。因此对于普通教师而言,教研意识和教育创新往往价值属性较低,其教学活动更像是一场固定了各类零件模具的工业器械生产。所以,我们经常可以观察到,学校的各学科教研团队内部也同样存在着以教学经验划分的隐性等级结构。年轻教师时常因为发生了各类教学问题而手足无措,进而向老教师寻求帮助;相应的,年轻教师也会为老教师提供一定的劳动价值,例如制作电子课件、设计教学视频等。

　　然而,与之不同的是,由于缺乏基本的纲要和教学参考,"X"课程的工作属性与常规课程教学存在着很大区别。在实证研究的过程中,我们从一线教师和管理者的访谈内容中可知:教师不明白怎么教、不知道应该教什么、不清楚应当用何种方法教、不了解需要教到什么程度和水平等情况在课程群建设和开发初期非常常见;而与之对应的则是,负责一线"X"课程教学的往往都是学校里具备高学历但缺乏长时间工作经验的青年教师。对于熟手教师甚至是学校骨干教师而言,他们对一线"X"课程教学的远离除了对课程工作量考核标准不完善而导致教学意愿过低外,难以应付的课程设计与教学要求同样使得他们多年来的传统课程教学经验不再发挥十足的功效。这样的现实背景打破了原有教研团队中一线青年教师和熟手教师、骨干教师之间的教学水平层级。教研团队对一线的青年教师不再具备权威性的指导能力,教学的设计与开发乃至教学往往更依赖教师个人发挥自身的职业技能积累与教学研究能力。教研团队与教师主体之间的关系更加平等化,当经验权威不再作效时,群体的阶层差异将被迫瓦解。教研团队成为教师集思广益、探讨合作研究教学策略的场所。因此,在面对现实的"X"课程教学时,教师和教研团队的关系实现了更加平等的教研联动。具体表现为教师个体在"X"课程开发、设计与实施的过程中,以教师自我教育智慧与知识理念为支撑的个体职业素养发挥着主导作用,而教研组虽然仍然保留着相应的评价考级机制,但不再具有全面指导教师的专业属性和能力,而是成为与教师一起交流探讨和研究课程设计与教学的群体对象。也正是这种相对更加自由、更加能够体现集体智慧的教研团队模式,实现了教师个体在"X"课程教学中智慧火花的迸射。

6.3　基于实践研究成果下的未来学校变革展望

在上海市第六十中学"1+X"课程群建设研究实施和探索的过程中,我们看到了一所高水平老牌公立高级中学在学校育人育才路径中的种种发展举措与变革思路。虽然学校全面化人才培养的理念距今已建设了数十年之久,然而随着时代的变迁与社会的进步,学校相应的人才培养模式与目标也在不断创新和变革。研究期望从这些创新和变革的实际举措中梳理未来学校变革的趋势与特征,进而寻找并获得中等教育学校发展的方向。

6.3.1　课程群落支持下的学校素养育人理念变革

学校是育人工作实施的主要场所,而课程是育人工作实施的重要载体。如何建构有效的课程,从而保障和推动育人成才教育目的的实现,是包括上海市第六十中学在内的一大批初等、中等教育学校的核心办学理念。其中,通过课程实现学生的素养发展,成为当下中小学教育的主流探索方向。然而,当我们将目光放及更加长远的将来,当科技发展带来的人力资源变革趋势已然出现、人力分工继续朝向更加专业化发展时,学校的核心素养课程体系也在时刻受到挑战。

在这样的背景下,如何设计合理的课程群落,保障学生的素养发展满足全体学生的学习要求,成为诸多学校改革的重要标准。在研究中我们已经提及,高中学生选择学科延伸课程的依据已不再是单纯的兴趣使然,如何站在自身发展需求的角度选取适合自我的课程,已然成为学生素养进一步发展提升的主流现实。在这样的背景下,建设完善的课程群落体系,以及做好课程群教学与实施的管理工作,成为未来学生素养育人理念发展的真实写照。需要注意的是,这样的育人理念发展与变革必须是从上而下的,它需要由学校领导层带头,将科学的育人理念逐渐传达到学校各级实际教学过程当中。而如何进一步将学校育人理念与学校管理策略、教师教学信仰进行整合,则成为未来学校通过课程群建设实现素养育人长效化的重要突破口。

6.3.2　基于教育智慧专业化发展的师资队伍建构

教育智慧的重要性在中等教育发展与实施的教师职业道路上有着重要的作用与价值。而对具备相应专业化素养的教师团队的建构实属难事。在前文中我们已经就"X"课程教学的实际案例讨论了在传统中学国家课程教学,与各类校本课程开发与教学实施上的巨大差异。在信息化时代,学生的学习渠道被无限放大,固定、基础的学科知识内容有着各类十分便捷的获取渠道,而教师的知识教学传授仅仅是学生获取知识的主流渠道之一。在这样的背景下,课堂教学对学生学习的意义正在不断发生着变化。以传统的高中学科课堂教学为例,从双基、四基到核心素养的课程标准学业水平要求,正在逐渐体现这一由知识传授转向素养培养的学校学科育人思想导向。这种改变对实际课堂教学的影响是多方面的,除了相应的新教材以及普通高等学校招生全国统一考试等一系列人才选拔考试在这一方向上的倾斜和靠拢外,课堂教学的形式也正在发生着巨大变革。项目式学习、情境式教学、跨学科教学等各类新型教学形式在课堂中不断被运用的背后,实质是素养教育理念在课堂教学中逐步落实的必然结果。其本质在于从被动的概念式知识接受学习,变为主动的结构性知识探索与内化教育。而如何建构使学生主动探究和成长的适宜的学习情境与条件,并对学生的发展产生实质性的引导和有效帮扶,成为新时代课堂教学的关键要素。作为课堂教学行为的实施者与课堂教学活动的主导者,教师的专业化素养水平成为建构素养型课堂的关键要素。

从上海市第六十中学的实际案例中,我们能够发现,对于以学科"X"课程为代表的素养型课程的建构在实际的设计与实施过程中,教师不仅成为课堂教学的实施者,还是课程整体的设计者。这种双重的角色身份带给教师的是远高于传统国家课程教学的工作量。在实际过程中,学校的老教师在学科"X"课程的设计与实施中发挥得并不太出色,而以高学历的青年教师和新手教师为主的团队在其中却发挥了重要作用。但这并不说明拥有高教龄的教师的教学水平有问题,而是其多年教学经验更多聚焦于校本课程讲授式教学工作,不太适应新的形式。与之相对的则是青年教师,尤其是经过专业培养的高学历新教师队伍,在课程研发、教研结合、实践型教学等内容上展示出较强的水平与活力。这种表现正是对课程及教学工作的重塑、创造与实施[1]。如果将国家课程的教学工作比作有思路(课程标准)、有模板(样本课)、有目标(官方评价机制)的操作性劳动,校本课程的相关工作则是更考验专业性(课程设计)、多维技能(教学方法)、自主性(无特定标准与考核要求)的生产性劳动。这项生产性劳动的目的在于对学生素养的进一步拓展,然而拓展什么素养(内容)、如何拓展(方法)、拓展到什么程度(水平),更多需要教师自身去开发、设计与实施[2]。这种生产劳动的核心要素是教师的教育智慧和专业化水平,是教师基础的学科与教育学理论知识、专业的教育技能与思维以及教、研结合的教学实践能力。三者在教师的素养教育水平中共同发挥着数字化中学教育新模式的开拓作用[3]。我们可以在同样具有硕士研究生学历的青年教师林老师与郑老师的访谈中看出其差异性。由于林老师在高等教育阶段有过专门化的师

① 王雯雯. 教师参与校本课程评价的价值、困境及对策[J]. 教学与管理,2020(06):19-22.
② 吕立杰,袁秋红. 校本课程开发中的课程组织逻辑[J]. 教育研究,2014,35(09):96-103.
③ 王利敏,缪锦瑞. 我国基础教育校本课程开发研究分析与展望——基于1979~2020年校本课程开发研究文献的内容分析[J]. 上海教育科研,2021(10):86-91.

范类课程学习,在具体的课程设计与实施上比非师范专业背景的郑老师有着天然的优势。虽然郑老师通过自己不断的钻研努力弥补了这一差距,然而并非所有的教师都有其执着的教育情怀与刻苦的钻研精神。而基于未来学校的角度,打造一批具有相应专业能力、具备教育智慧和专业化水平的教师队伍,是学校能否实现具有专业化的课程素养育人水平的关键。

6.3.3　数字化中学教育新模式的创设与发展

数字化发展是未来学校变革必须面对的重要突破点之一。然而如何实施高水平的数字化教育、实现学生数字公民素养发展,则成为诸多学校实施数字化发展中的关键性难题。尽管诸多研究已经对数字化教学与智能校园等多个教育概念予以了深入的分析,然而真正富有成效的数字化教育成果仍然在数量和质量上有待突破,这也影响了数字化中学教育实践发展的具体进程。具体而言,虽然各类数字化设备在当前的中小学教育中已经十分普及,但学校与教师对这些设备的使用仍然极易陷入传统的教学思维当中。数字化设备在课堂教学中更多地成为一种直白的信息存储和呈现的简单工具,而非教师、设备、数字化融合一体的教学主体①。例如,在现今课堂上常见的 PPT 课件,其本质无非是将教师本该写在黑板上的知识以一种更加便捷的方式予以呈现;在所谓的智慧教室中,教师引导学生使用各类平板电脑的态度也无非是将课本/习题的内容放在屏幕上,并完成相应的纸质作业。这些设备确实有效降低了教师和学生的重复工作量,可仍然距离高水平的数字化尚远。必须承认的是,在"1＋X"课程群建设的实践研究成果梳理中,我们很难依此对中学教育数字化改革提出全面性的建设方案。然而,研究仍然可以从课程群建设的现实发展路径中解剖一些具有挑战性的核心问题并给出可能的解决思路。这些内容都将对数字化中学教育新模式的创设和发展有一定参考意义和价值。

---

① 张彦顺.数字化地理教室背景下的校本课程建设[J].教学与管理,2018(04):48-50.

　　数字化的教学管理体系的建立是中学数字化发展的突破要点之一[①]。在学科"1+X"课程群的建设中,我们可以看到,虽然学校领导层与管理层已经对课程的实施与管理建立了相应的建制,然而在实际的教学过程中仍然出现了链接断层。例如,教研组对于课程的实施情况与实时进展是相对迷失的,即使这种迷失的背后是教研组难以承担细化后的工作量的必然结果;但这样便导致选课后无法适应课程内容、难以跟进课程节奏的学生往往被学校与任课教师所忽视,相应的课程实时质量的评价及其改进措施更是无从谈起。如何利用数字化技术对课程教学中的实时情况予以时刻追踪、对学生课程学习水平予以及时智能分析与判断、如何将学生学习情况进行及时反馈等,这些要点均能够实质性地影响学校数字化课程体系建设。

　　具备高水平数字教育素养的教师队伍同样是支撑数字化中学教育新模式实施的具体支撑点。这里的数字教育素养主要指向两个方面,一是教师需要具备相应的数字化课堂教学能力,从而高水平地使用数字化设备及其价值实现课堂教学的质变突破。例如,教师通过智能设备对学生进行课堂实时测评,并根据智能设备反馈的学生测评数据对课程教学进度、节奏、方式予以实时调整;又如,教师通过智能技术建构模拟化的问题解决情境,以数字化背景下的认知环境塑造学生素养实践化培养的有效路径。二是教师需要具备相应的数字化职业发展能力。可以通过数字化的现实环境及其资源不断实现自我职业能力的动态发展。例如,当教师存在个人难以解决,也难以从外界获得专业帮扶的时候,具有使用数字化信息平台获取问题解决方法的实际技能;又如,教师有着在个人职业发展中使用各类数字化学习资源提升自我,塑造更高水平的教学技能与课程设计水平。这些数字教育素养共同对教师队伍的高水平数字教育素养培育起到支撑作用。

---

① 邢至晖.区域共享的中学课程智能化管理平台设计与应用[J].上海教育科研,2019(12):76-79.

6.4　结语

　　"1＋X"课程群是上海市第六十中学在学校"十三五"规划期间重点实施的育人项目,本书从研究背景、理论架构、实证研究与结果梳理四个进度对课程群建设的实践进程予以了深度挖掘和梳理。对于笔者及其团队而言,课程群的建设与实施无疑是重要的学校科研成果,它在呼应学校成才教育这一基本理念的基础上,实质性地对数届学生的多元素养起到了培养作用,为学生未来发展提供了实质性的帮助;同时在凝聚学校各级组织工作效能的基础上,为学校中坚教师力量的培育提供了实践性机会。无论是对学校、学生还是教师而言,学科"1＋X"课程群带来的都是一笔巨大的隐形财富,这笔财富将推动拥有者以长期的发展潜能逐一实现更加长远的发展目标。

　　然而我们也必须接受的是,作为学校长期课程发展进程中的重要组成部分,"1＋X"课程群及其体系仍然存在着诸多实践的缺陷与现实问题,而它也在学校各级成员的推动下正朝着新的目标迈进。从学校角度而言,"1＋X"课程群的建设无疑是具有重要影响意义的。然而现有版本的课程群建制终究会在不断的变革发展后落伍,作为一名教育工作者与教育研究者,如何从学校"1＋X"课程群建设的实践经验中思考和探索学校育人的核心理念、基本思路与实践方法,是当下更具有现实意义的教育研究成果总结。而正是这些基于教育实践的研究成果,助力着新时代各级各类学校发展变革的不断推进,也塑造了一批批莘莘学子,使他们在未来的人生道路上找到属于自己的追求和发展。这是我们投身于一线教育事业的人生至高追求,也是对国家、时代发展对人才需求的回应。

参 考 文 献

［1］陈本铿.高校激励教育与大学生成才的关系分析——评《大学生激励教育研究》[J].中国教育学刊,2021(07):121.

［2］丁邦平,顾明远.学科课程与"活动课程":分离还是融合——兼论"学生本位课程"及其特征[J].教育研究,2002(10):31-35.

［3］樊丽娜,柳海民.中国特殊儿童教育政策变迁与支持路径——基于历史制度主义视角[J].社会科学战线,2020(05):276-280.

［4］范俊明.中小学学校课程建设与思考[M].武汉:华中科技大学出版社,2021.

［5］丰际萍,杜增东,李梓.学校课程体系建设的研究与实践[J].当代教育科学,2011(14):33-35.

［6］靳莹,周志华.从结构主义走向建构主义的课程观及其启示[J].教育理论与实践,2006(20):45-48.

［7］卢臻.核心素养视域下,高中教育发展道路求索[J].基础教育课程,2018(14):24-29.

［8］毛丽娅.试论基督教与西欧中世纪早中期的学校教育[J].西南民族学院学报(哲学社会科学版),1999(S6):55-59.

［9］屠莉娅.基于变革社会的视角:核心素养阐发与建构的再思考[J].全球教育展望,2016,45(06):3-16.

[10] 王晓虹."三问"教学法:深度学习的聚焦[M].上海:华东师范大学出版社,2020.

[11] 王晓玲,胡慧娟.论学校教研方式的转变[J].教育科学研究,2012(02):28-31.

[12] 吴刚平.校本课程开发的特点与条件[J].教育研究与实验,1999(03):28-31,72.

[13] 伍超,邱均平,苏强.跨学科教育的三重审视[J].浙江社会科学,2020(08):134-139,147,160.

[14] 谢幼如,尹睿,谢虎.精品课程群支持的专业综合改革与实践[J].中国电化教育,2013(08):1-7.

[15] 徐玉珍.论国家课程的校本化实施[J].教育研究,2008(02):53-60.

[16] 杨清.五育并举视野下普通高中课程体系的构建[J].中国教育学刊,2021(06):45-50.

索 引

P

评估策略 65,76,78－80,90,
91,101

Q

全景式课程 1,10－21,25,58,
66,125,126

全面而有个性 25,66

全面发展 1,15,25,30,32,38,
41,46,54,58,59,61,69,70,
127,131,132

S

社会素养 1,2,4,7,9,10,13,19,
26,72

师资 20,45,60－62,86,99,
128,139

素养提升 13,14,17,26,48,59,
95,101,102,127,132

X

校本化 12,21,26,30,32,45,145

校本课程 10－21,25－38,41,
43－53,57－65,67,68,70,71,
73,79,80,82,85,89,94,97,
99,103,104,106－111,113－
118,131－134,136,139,
140,145

学科知识 1－3,6,9,12,13,27,
32,40,43,53,55,56,69,71,
72,77,81,82,85,123,124,
134,139

学生本位 25,32,34,49,62,91,
93,144

Y

延伸学科 26,49

因材施教 7,13,14,18,130,132

Z

中阶课程 50－52

中学课程 16,17,19,20,36,40,
55,57,59,88,142